Josefine Müllers

Traum-Brunnen

Wege zur Weisheit des Selbst

Josefine Müllers

Traum-Brunnen
Wege zur Weisheit des Selbst

1. Auflage 2019

Gestaltung: Josefine Müllers
Cover-Foto: Pixabay

Verlag: tredition GmbH, Halenreie 40 – 44
22359 Hamburg

ISBN Paperback   978-3-7497-4430-5
ISBN Hardcover   978-3-7497-4431-2
ISBN e-book   978-3-7497-4432-9

Die deutsche Nationalbibliothek verzeichnet diese Publikation in der Deutschen Nationalbibliographie. Detaillierte bibliografische Daten sind im Internet abrufbar unter: http://dnb.d-nb.de

Weltgeheimnis

Der tiefe Brunnen weiß es wohl,
Einst waren alle tief und stumm,
Und alle wussten drum.

Wie Zauberworte, nachgelallt
Und nicht begriffen in den Grund,
So geht es jetzt von Mund zu Mund.

Der tiefe Brunnen weiß es wohl,
In den gebückt, begriffs ein Mann,
Begriff es und verlor es dann.

Und redet' irr und sang ein Lied -
Auf dessen dunklen Spiegel bückt
Sich einst ein Kind und wird entrückt.

Und wächst und weiß nichts von sich selbst
Und wird ein Weib, das einer liebt
Und - wunderbar wie Liebe gibt!

Wie Liebe tiefe Kunde gibt! -
Da wird an Dinge, dumpf geahnt,
In ihren Küssen tief gemahnt…

In unsern Worten liegt es drin,
So tritt des Bettlers Fuß den Kies,
Der eines Edelsteins Verlies.

Der tiefe Brunnen weiß es wohl,
Einst aber wussten alle drum,
Nun zuckt im Kreis ein Traum herum.

(Hugo von Hofmannsthal)

Inhaltsverzeichnis

Einführung

Lieber Leser, dich fasziniert die Welt der Träume? Du möchtest mehr über ihren geheimen Sinn und ihren Botschaftscharakter erfahren? Über die Weisheit, das „Weltgeheimnis", das in ihnen verborgen liegt? Über ihren Zusammenhang mit der Natur des Selbst und den damit verbundenen Themen: Woher kommen wir? Wohin gehen wir? Was bedeutet der Tod? Was ist das Schicksal? Was sind himmlische Mächte? Worin besteht das Glück? Gibt es die ewige Liebe? Du möchtest dich auf die Tiefen der Seele einlassen und die Sprache des „denkenden Herzens" verstehen? Dann folge mir getrost und wende dich dem vorliegenden Buch mit offenem Herzen und wachen Verstand zu!

Auch ich wurde einst angetrieben von dieser inneren Neugier und der Sehnsucht, mein wahres „Zuhause" zu erkennen. Schon in meiner Kindheit waren meine Träume ein wichtiger Bestandteil meines Lebens. Mit dem Älterwerden und der zunehmenden Bewusstheit der Träume hat sich diese Vorliebe verstärkt, die nun mit der Liebe zur Deutung einherging. So kamen meine Traumtagebücher zustande, in die ich über 30 Jahre lang für mich wichtige Träume eintrug. Zunächst faszinierten mich das bunte Leben der Träume, die Intensität des Durchlebens und die besondere Art von Klugheit, mit der sie „gesponnen" zu sein schienen. Auch hatte ich das unbedingte Gefühl, dass sich in den Träumen geheime Botschaften versteckten, welche ich aufschlüsseln sollte. Als ich mich näher mit der Traumsymbolik auseinandersetzte, erstaunte mich der archetypische Gehalt mancher Träume, der tiefe Sinn, der ihnen zugrunde zu liegen schien. Ich brannte darauf, diesen zu erkennen. Dabei vergrößerte sich die Durchlässigkeit zu der Ebene des Selbst mit zunehmender Beschäftigung, so dass ich schließlich auch im Wachen „mit dieser Instanz" Kontakt aufnehmen konnte. Es war mir gelungen, durch mein Lieben einen Geistselbst-Aspekt zu aktivieren, der in der Funktion des „inneren Lehrers" und „Geistführers" im Erkennen des tieferen, spirituellen Sinnes und der Deutung der Träume mit mir zusammenarbeitete.

Der Individuationscharakter des Träumens enthüllte sich mir immer stärker, so dass ich in einer Traum-Serie von ca. 15 Jahren den „roten Faden" der seelisch-geistigen Entwicklung, die sich darin abspiegelte, entdeckte und nun auch mit Hilfe des „inneren Lehrers" als **Geistwerdungsprozess der Seele** darstellen konnte. Ich erkannte die geistig-spirituelle **Wirklichkeit** der Traumerlebnisse, die ich vollzog und nun zugleich von dieser „höheren Warte" - als das Zusammenwirken des Selbst mit den feinstofflichen, kosmischen Welten - beschrieb und deutete. Aus tiefster Seele durchlebte ich die einzelnen Stadien der Bewusstwerdung des kosmischen Herzens bzw. des (Höheren) Selbst und entwickelte zugleich das immer wache Interesse eines „objektiven Beobachters" in diesem Selbstbewusstwerdungsprozess. Auf diesem Wege konnte ich eine umfangreiche integrative Traum- bzw. Weisheitslehre entwickeln. Sie trägt den Titel „Reisen ins Herz. Traum und Selbst-Erkenntnis" und liegt dem „Traum-Brunnen" mit mehr erzählendem Charakter zu Grunde.

Es gibt unterschiedliche Deutungsebenen hinsichtlich der Träume und auch in ihrem Ansatz sich unterscheidende Traumlehren. Es ist für die Deutung von Träumen wichtig, von welchen „Voreinstellungen" hinsichtlich des Lebens, des Todes und vor allem der Seele ich ausgehe und ob ich mich durch eigene Erfahrungen oder die Erfahrung anderer dazu bewegen lasse, diese „Voreinstellungen" zu verändern bzw. zu erweitern. Es macht z.B. einen großen Unterschied, ob ich die Seele als subjektive Psyche oder als inneres göttliches Licht begreife, das seinem Wesen nach transzendent ist und zugleich als allumfassendes Lebensprinzip, als „Atem Gottes" wirkt.

Als Weisheitslehre, welche sie dem Wesen nach ist, stellt meine Traumlehre das **Lieben** in den Mittelpunkt der Betrachtung, weil das Lieben des Menschen in den Träumen die **Bezugsebene** darstellt. Durch den „Fall", das Irdisch-Werden der Seele, genauer gesagt durch das Leben in der Dualität, läuft der Mensch Gefahr, seinen göttlichen Ursprung, seine Gott-Ebenbildlichkeit zu vergessen. Das Lieben des Göttlichen in allen seinen Formen und die Erkenntnis dieses Göttlichen (des HERZENS) - Liebe und Erkenntnis sind für die Seele eines - ist deshalb die Folie bzw. die Richtschnur, an der die Seele (als Geist) das Fühlen, Denken und Tun des Menschen misst. Der Schnittpunkt dieses Liebens ist das **Selbst**. Das Selbst **ist** die Seele im Hinblick auf Gott oder die absolute Liebe. Es ist als Transzendenz (noch) Idee in Gott - oder Höheres Selbst - und als Immanenz Irdisches, d. h. Geschöpf.

Ich schließe mich der Definition des Philosophen S. Kierkegaard an, der das Selbst als ein Verhältnis bezeichnet, das sich zu selbst verhält, und, indem es sich zu sich selbst verhält, sich zu „einem Andern" verhält. So kann das Selbst im Träumen gleichsam als Spiegel fungieren, welcher sich selbst anschaut. Dieser „Spiegel" reflektiert das Lieben des Menschen, sein Herz, „misst" es an der **Idee** des Menschseins, welche als **göttliche Liebe** in ihm wirkt. Das „Messen", eigentlich ein urbildhaftes **Schauen**, findet seinen Niederschlag im **Sinnen der Seele**, welches das Prinzip des Höheres Selbst ist und als Mitschöpfer-Ebene das Schicksal des Menschen maßgeblich bestimmt. Das Arbeiten mit den Träumen ermöglicht dem Menschen, sein Selbst, und das heißt zugleich das Lieben des Göttlichen, mehr und mehr zu erkennen und **sein Lieben diesem anzuverwandeln**. Dies erfolgt auf dem Wege der Bewusstmachung bzw. Integration von Einzelaspekten der Seele bzw. des Liebens der Seele(n).

Lieber Leser, hast du dich schon einmal gefragt, warum der Mensch träumen muss, um überleben zu können? Dies jedenfalls hat die Schlafforschung in den letzten Jahrzehnten plausibel nachgewiesen. Auch wenn man glaubt, nicht zu träumen, ist es in Wirklichkeit nur so, dass man seine Träume vergessen hat. Der Mensch träume, um „die **Gedanken des Herzens** zu erfahren", heißt es bereits in der Geschichte des Propheten Daniel (Dan. 2,30) des Alten Testaments. Auch in griechischen antiken Lehren, in östlichen Weisheitslehren und in der christlichen Mystik wird das geistige Herz als „Organ" oder „Sitz" der Seelenliebe verstanden. Immerhin ist es doch erstaunlich, dass die

Menschen träumen müssen, wenn sich viele nur schlecht oder manche gar nicht an ihre Träume erinnern. Für wen also werden die ganzen inneren „Dramen" „inszeniert", wenn der Verstand davon zum Teil nur bruchstückhaft weiß?

Offenbar gibt es eine innere Instanz, die dieses **Durchleben** braucht. Es ist das **Herz** selbst, das sich des Liebens inne bzw. bewusst werden möchte. Je offener und reiner das Herz ist, das meint, je freier von Egobestrebungen - welche Blockaden bilden, die wiederum Projektionen nach sich ziehen -, also je zugewandter es der göttlichen Liebe ist, desto empfangender und genauer ist es als Wahrnehmungsinstanz und desto klarer sind seine Erkenntnisse. Diese **göttliche Liebe** manifestiert sich ihm als **inneres Licht der Seele**, welches identisch ist mit dem Höheren Selbst bzw. mit der Ich-bin-Realität des Schöpfergottes, mit der Ebene der Ideen. **In der Zeit** wird immer nur **ein** Aspekt des göttlichen Lichtes aktiviert, den das Herz - hier als Fühlen des Menschen - zu erkennen versucht. Das Träumen ist nicht einfach nur ein Vorgang des Umsetzens oder Übersetzens in Bilder, sondern es **ist** das Leben des Herzens bzw. das **Selbst als Lieben**, welches Person und Leben des Menschen (der Individualseele) überschreitet. Das bedeutet, dass es sowohl mit dem Lieben vorheriger Erkenntnisstufen bzw. Inkarnationen als auch mit dem Lieben anderer Menschen verbunden sein kann.

Als kosmisches oder interdimensionales Geschehen kann das Lieben - je nach Bewusstseinsebene bzw. Manifesta-

15

tion des Göttlichen - auf der Astralebene stattfinden, wo Geist als Empfindung, auf der Mentalebene, wo Geist als Erkenntnis und auf der Kausalebene, wo Geist als Mitschöpfertum lebt. Es handelt sich dabei zugleich um Erkenntnisstufen des Selbst. In diesem Sinne **sind** wir also im wahrsten Sinne des Wortes ein **mehrdimensionales Selbst** - an dem wir als Irdisches zugleich teilhaben -, das als **kosmisches HERZ** erkannt werden möchte. Erst wenn unser Herzbewusstsein geweckt ist und wir mit dem Herzen zu erkennen beginnen, öffnen sich zugleich die **Sinne des sehenden Herzens**. Diese sind feinstofflicher Natur. Das heißt, der Mensch nimmt nun Feinstoffliches und auf feinstoffliche Weise - hellfühlend, hellhörend, hellsehend usw. - wahr. Erst wenn der Mensch auf diese Weise **mit dem Herzen zu denken** beginnt und seine Wahrnehmung im Ätherleib zentriert ist, beginnt er Vieldimensionalität bewusst zu leben und auszubilden. Und diese „Ausbildung von Vieldimensionalität", so heißt es in einem meiner Träume, „ist ein zu entwickelndes Programm der Menschwerdung bzw. der Vervollkommnung des Menschen."

Diese feinstoffliche bzw. innere Arbeit, die man aufgrund des Durchlebens als **kathartischen** (reinigenden, klärenden) **Vorgang** begreifen kann, findet im eigentlichen Sinne nicht nach Gesetzen linearer Zeit, sondern nach **Herzbewusstheit** bzw. **kosmischer Bewusstheit** statt. Durch das Lieben des Menschen wird jeweils ein Aspekt des Höheren Selbst aktiviert und, wenn Ver-Stellungen oder Blockaden dieses Aspektes sichtbar werden, können sie rückgängig gemacht bzw. aufgelöst werden. Erst jetzt kann sich der besagte Aspekt auch unverstellt auf der irdisch-physischen Ebene, also in unserem dreidimensionalen Leben, manifestieren. Denn sowohl Dinge als auch Ereignisse sind ihrer wahren Natur nach fließende Energie oder „Licht" als Bewusstheitsträger. Die Bewusstheit des Herzens fungiert für sie als holographischer Raum oder „Empfangsfeld", in das die entsprechende „äußere Wirklichkeit" hineinprojiziert wird. Das besagt, dass der Mensch - aufgrund des Gesetzes der Resonanz der Schwingungen und der Synchronizität - sein Schicksal bewusst mitbestimmen kann. Voraussetzungen sind entsprechende Gefühls- und Gedankenkontrolle.

Um die höheren Seinsebenen oder Bewusstseinsebenen des Göttlichen zu erkennen, sind außer anderen Wahrnehmungs- auch andere Erkenntnisformen vonnöten. Das diskursive Begreifen ist nämlich an die Linearität von Zeit und die polare Strukturiertheit des Irdischen gebunden. Ich möchte zum besseren Verständnis an dieser Stelle einige Gedanken zu der **Zeit und** zum **Erkennen** vorwegnehmen. Zeit ist keine Konstante, besitzt nicht Objektivität, wie wir seit der Entdeckung der Relativität von Zeit durch Einstein wissen. Zeit ist subjektiv, d. h. sie ist von der Wahrnehmung abhängig. Der Mensch - als Ich oder Ego-Selbst - nimmt die Zeit zweidimensional wahr, nämlich in der Linearität von Vergangenem und Zukünftigem. Das hängt mit der diskursiven Ausrichtung bzw. der polaren Strukturiertheit des Verstandes zusammen. Die Wahrnehmung unseres Ego-Selbst ist durch unser linear arbeitendes Gehirn vorstrukturiert. Das menschliche Gehirn arbeitet sequentiell - d. h. in einer Reihenfolge - in endlicher Zeit und dient der Verarbeitung von Sinneseindrücken.

Die Synapsen des physischen Gehirns brauchen, um Eindrücke und Gedanken zu verarbeiten, Zeit. Die nichtphysischen Ebenen - auch des Menschen - sind dieser Beschränkung der Wahrnehmung nicht unterworfen. Für sie existiert Zeit, wie sie das physische Gehirn wahrnimmt, nicht. Da die hohen Dimensionen in der **Gleichzeitigkeit** - in der Simultaneität des Geistes - existieren, ist für sie direktes Erkennen, welches auch über das **sinnende HERZ** erfolgt, möglich. Dies hat natürlich auch Auswirkungen auf das Träumen.

Man könnte sich fragen, welchen Sinn bzw. Stellenwert denn die lineare Wahrnehmung von Zeit in unserem menschlichen Realitätssystem hat. So wie der Raum als Feld geschaffen wurde, das gleichzeitig vereinheitlichend (für das Lieben) und trennend (für den Geist) wirkt, so dass die Manifestationen in diesem Raum interagieren können, ohne dass sich ihre Einstrahlungen überschneiden, so existiert die lineare Wahrnehmung von Zeit, um Ursache und Wirkung auseinanderzuhalten und bestimmte Lernerfahrungen zu ermöglichen. Die Wahrnehmung des Verstreichens von Zeit, d. h. das Fühlen der Dauer eines Ereignisses, macht es möglich, dass „nicht alles zugleich geschieht" und dass in unserer Wahrnehmung die Wirkung aus der Ursache erfolgt. Ein bedeutendes Gesetz des Lernens auf der Erde ist das Karma, das - vereinfacht dargestellt - auf dem Konzept fußt, dass A das Leben von B in irgendeiner Weise beeinflusst hat und dass die Wirkung dieser Beeinflussung erwidert werden muss, damit das energetische Gleichgewicht wiederhergestellt wird. Die lineare Zeit ist mithin ein Rahmen, der zu dieser Unterscheidung wie überhaupt zur Erfahrung irdischen Lernens notwendig ist.

Die **irdische Zeit** bildet also eine **Dimensionsgrenze**, und es ist für die Erkenntnis der höheren Ebenen sehr wichtig, dass wir unsere Selbst-Wahrnehmung ausdehnen und nicht auf den menschlichen Intellekt beschränken. Es ist ein notwendiger Schritt in der Evolution der menschlichen Gattung, uns nach und nach unseres Geistselbst und der höheren Sphären bewusst zu werden. Dazu bedarf es der Herausbildung von Herzbewusstsein, denn auf der Simultanebene des kausalen Geistes ist die **Erkenntnisweise intuitiv**. Das heißt: Der Träumende erfasst den Sinn des Ganzen mit einem Schlag und ist sich meist zugleich der Wahrheitsempfindung des Erkannten stark bewusst. Die **Erkenntnis** erfolgt aus dem **Geistselbst** oder Höheren Selbst heraus und die **Empfindung** aus dem **Herzen, als Sitz der Seelenliebe**. Zwar sind alle Aspekte des göttlichen Lichtes in der Simultaneität vorhanden, es können aber nicht alle gleichzeitig wahrnehmungsmäßig fokussiert, d. h. bewusst gemacht werden. Vielmehr werden im Anschluss an ein den Menschen tief ergreifendes Erlebnis in einer Ideenschau - welche Platon auch *Anamnesis*, die Wiedererinnerung der Seele an ein „zuvor" geschautes Schönes nennt - gewisse **Aspekte des göttlichen Lichtes aktiviert**, was bedeutet, dass sie in der **Seele sinnend werden**. Es handelt sich dabei um solche Aspekte, welche die Individualseele integrieren möchte, um eine höhere Geiststufe bzw. einen **höheren Evolutionsgrad** zu manifestieren. Es sind dies in meiner Darstellung die Aspekte LIEBE, SINNEN, LICHT, HERZ bzw. HAUS, LIED,

SOHN, FREIHEIT, SINN und SEIN. Sie entsprechen sich manifestierenden Bewusstseinsebenen des Göttlichen. Auf der spirituellen Bedeutungsebene stellen sie „Funktionen" des Höheren Selbst dar, welche dazu dienen, die Natur des Menschen zu heil(ig)en bzw. seine Seele „heimzuführen zu Gott". Sie wurden mir von meinem „inneren Lehrer" - ebenso wie die Zuordnung der Träume zu den jeweiligen Aspekten - als „Einteilungskriterien" in diesem Selbstbewusstwerdungsprozess vorgegeben. Im „Traum-Brunnen" erscheinen sie als **Wege**, so dass sie als Geiststufen des Selbst in dem Ganzwerdungs- bzw. Integrationsprozess sichtbar werden können.

Das intuitive Erkennen, in welchem das **Sinnen des Menschen** eines wird, ein Geist wird mit dem **Sinnen der Seele**, macht die Bewusstwerdung durch den Traum möglich. Der Traum lässt sich recht gut mit einem Theaterstück vergleichen, in welchem der Schauspieler - das Ich als „Figur" in dem Traum, hinter welchem sich das Herz des Menschen verbirgt - je nach hineingestellter Situation „improvisieren" muss. Denn das Ich als Traumfigur ist in die Traumsituation, die „Inszenierung" - und das heißt in das Seelenempfinden - hineinversetzt und muss in dieser Situation handeln bzw. reagieren. Auch das Ich als Traumfigur ist ja nicht Person, sondern ein sich manifestierender Aspekt der Seele, auf welchen das Bewusstsein des Schläfers fokussiert ist, d. h. letzterer durchlebt die Situation aus dieser „Rolle" heraus. Aus seinem Verhalten den anderen „Figuren" gegenüber und dem entsprechenden Traumgefühl kann der „Regisseur" oder „Theaterdirektor", das Geistselbst oder Höhere Selbst, den spirituellen

Reifegrad ablesen bzw. überprüfen - wobei der „überprüfende" Blick ein **Schauen** „aus dem Blickwinkel der Ewigkeit" ist - und die Situationen herbeiführen, die zum Lernen bzw. zur spirituellen Reifung erforderlich sind. Dies gilt sowohl im Hinblick auf das Träumen als auch im Hinblick auf das Leben.

Dies sind die wichtigsten Grundzüge spirituellen Erkennens, welche ich dir einführend im Überblick dargestellt habe, lieber Leser, damit du einen leichteren Zugang findest zu dem Zusammenhang von Traum, Wirklichkeit und Weisheit. Verzage nicht, wenn du diese Ausführungen nicht gleich nach der ersten Lektüre verstanden hast! Es handelt sich ja um das Ergebnis aus einer sich über viele Jahre erstreckenden Bewusstseinsarbeit, die mit einem schwierigen Sprachfindungsprozess einherging. Ich rate dir, dich zunächst den Träumen zuzuwenden und den darin auftauchenden Symbolen. **Symbole** besitzen nämlich die geheime Kraft, die Seele zu affizieren. Da sie dem Intuitivbereich des Selbst entstammen, können sie, auch ohne über den Verstand zu gehen, schöpferische Kräfte in dir freisetzen und deinen Geist zu eigener Symbolbildung anregen.

Die **Darstellung** der Traum-Stationen als Erlebnisse erfolgt auf den ersten „Wegen" zunächst ohne Kommentar, damit man sich ein wenig einlesen kann. Nach und nach fließen mehr erläuternde Bemerkungen ein, denn Sinnsuche und Sinnbildung sind ebenfalls Funktionen des Selbst, die Beachtung finden möchten. Wenn man sich dann mit den Fragestellungen und der Sprache besser vertraut gemacht hat, werden die Deutungsteile umfangreicher und die Antworten tiefsinniger. Auf diese Weise entfaltet sich die Thematik der Selbst-Bewusstwerdung stufenweise und nimmt dich als Leser mit in den Prozess hinein.

Wenn du alle Stationen des „Traum-Brunnens" lesend erwandert und vielleicht über die auftauchenden Themen und Ebenen nachgesonnen hast, magst du dich erneut und mit erweitertem Wissen der Einführung zuwenden. Sie bildet ja ganz eigentlich die letzte Stufe meiner Erkenntnisse aus einem langen Anverwandlungs- und Transformationsprozess, da sie aus den Träumen (erste Stufe) und den entsprechenden Deutungen in Zusammenarbeit mit dem „inneren Lehrer" (zweite Stufe) als Gesamtschau (dritte Stufe) hervorgegangen ist.

Möge Dir meine Arbeit von Nutzen sein und dich weiterbringen im Erkennen der Ewigen Liebe, die als Herzschlag Gottes das Dasein des Menschen und der gesamten Schöpfung durchpulst. Das wünsche ich dir von Herzen!

I. Der Traum-Brunnen

Angetrieben von dem Wunsch, mich und mein Herz zu erkennen und den Sinn des Lebens zu verstehen, beschloss ich eines Tages auf Wanderschaft zu gehen. Nachdem ich eine schöne Strecke Wegs gegangen war, gelangte ich in ein sanftes Tal, das von grünen Hügeln schützend umgeben war. Über einen Bach führte eine schmale Steinbrücke, die den Blick auf ein idyllisches, kleines Dorf freigab. Als ich mich dem Dorf näherte, gewahrte ich auf dem nahen Marktplatz einen wunderbaren, alten Dorfbrunnen, der von stolzen Fachwerkhäusern gesäumt war. Der Brunnen war einladend mit Blumen geschmückt und die alte Brunnenwinde knarrte beim Hoch- und Niederziehen. Ich erfreute mich an dem Anblick und gedachte, mich dort ordentlich zu laben. Eine ältere Frau mit einem sehr schönen gebräunten Gesicht und weißem Haar stand neben dem Brunnen.

. Was möchtest du trinken? fragte sie mich mit einem vielsagenden Lächeln.

Froh erstaunt über die Möglichkeit der Getränkewahl, entgegnete ich:

. Etwas, das meinen großen Durst stillen kann. Vielleicht ein Weizenbier? Oder anderes Gutes, was Euer Brunnen enthält. Sie wartete kaum meine Antwort ab, sondern winkte schon zwei Gesellen heran, die sich in der Nähe des Brunnens mit einer Arbeit zu schaffen machten.

. Schöpft einmal tief, gebot sie, und die beiden Männer schöpften behänd die begehrte Flüssigkeit, von der die Frau mir einen vollen Krug eingoss. Ich tat einen kräftigen Zug:

. Aber das ist… das ist ja Wein… und was für einer. Hm… so einen köstlichen Wein habe ich noch niemals getrunken. Es ist mir gerade so, als könnten meine Augen klarer schauen. Woher stammt dieser Wein?

. Das ist ein ganz besonderer Rebensaft, erwiderte sie. Die Trauben wurden unter strenger Obhut und liebender Fürsorge deiner zärtlichen Mutter Natur herangezogen. Sie reiften in der Sonne deiner Seele. Sie wurden zubereitet in der Kelter deines Herzens. Deine Schutzgeister traten die Kelter. Aber genieße diesen Wein in kleinen Schlücken! Dann stärkt er dich auf deinem Weg und wird dich sehend machen.

Während ich in vorsichtigen Zügen nippte und mir das feine Getränk immer wieder auf der Zunge zergehen ließ, wurde mir ganz licht ums Herz und es schien mir so, als handelte es sich um einen geheimnisvollen Heiltrank. Ich dankte der Frau von Herzen.

. Oh, keine Ursache, meinte sie. Du kannst ja einmal in der Zeitung über unser Dorf und den Brunnen berichten.

. Zeitungsartikel schreibe ich kaum. Aber Geschichten, ja Geschichten schreib ich gern. Vielleicht schreibe ich einmal Geschichten, in denen ihr dann alle vorkommt: Die Hügel, das Tal, der Fluss, das Dorf, der wunderbare Brunnen, du, die übrigen hier und noch vieles andere mehr.

. Geschichten, sagte die Frau, umso besser! Da wirst du wohl den richtigen Stoff finden. Hintergründig lächelnd fügte sie hinzu: Mit diesem Trank im Leibe erkennst du die Deinen in jedem Kleide. Dann erteilte sie mir noch einen Rat für meine bevorstehende Reise.

. Ich würde die Reise mit dem Weg der Liebe beginnen, meinte sie. Die Liebe hat viele verschiedene Gesichter, aber wenn du wirklich verstehen lernen willst, so liegt hier der Ursprung.

Ich dankte ihr und versprach ihrem Rat zu folgen. Sie wünschte mir noch viel Glück auf meiner Entdeckungsreise, die ich, belebt durch den wundersamen Wein, nun gestärkt beginnen konnte.

II. Die Gesichter der Liebe

Gedankenverloren schaute ich das hölzerne Wegkreuz an, zu welchem ich schon nach kurzer Zeit gelangte. Ein Pfeil trug in der Tat die Aufschrift „Weg der Liebe". Aber der Pfeil zeigte in eine Richtung, welche zum Meer führte. Seltsam, dachte ich, da komme ich doch sicher nicht weiter. Dennoch beschloss ich, dem Rat der alten Frau und mithin dem Schild zu folgen.

Die Taufe oder der Gang ins Wasser

Nach einigen hundert Metern war ich am Meer in einer kleinen Bucht angelangt. Ich stand fragend vor dem Wasser. Was wollte ich hier? In der näheren Umgebung befanden sich allerlei Leute, die zum Teil wild herumgestikulierten. Ich verstand aber nicht, ob sie etwas von mir wollten oder ob sie mir etwas mitzuteilen hätten.

Plötzlich fühle ich, dass Berthold, mein Liebster, den ich gern einfach Bert nenne, bei mir ist. Ich habe keine Ahnung, wie er so plötzlich hierher gelangt ist, aber ich fühle mich durch seine Präsenz stark beflügelt. Er ist da, das ist alles, was zählt. Er hält mich fest umarmt, und ich bin sehr glücklich. Dann nimmt er mich bei der Hand und geht langsam mit mir auf das Wasser zu. Wir betreten das Meer. Einen Augenblick lang scheinen wir auf dem Wasser zu gehen, aber dann tauchen wir langsam darin ein, sehr tief. Seltsamerweise habe ich überhaupt keine Angst. Im Gegenteil, ich durchlebe eine ekstatische, glückliche Verschmelzung und bin zutiefst bewegt, als wir langsam wieder aus dem Wasser auftauchen und fest umschlungen durch die Leute hindurch fortgehen.

Was habe ich da Wunderbares erlebt? Ich wüsste nicht zu sagen, was wirklich geschehen ist, aber ich fühlte mich wie durch eine geheimnisvolle Taufe gestärkt: Ich war nun in der Lage, den Weg der Liebe weiterzugehen und war gespannt, was er mir bescheren würde.

Die Erscheinung der Göttin Venus

Dass es eine Probe besonderer Art war, konnte ich nicht ahnen. Oder ist euch vielleicht schon einmal eine Göttin begegnet? Mit den Naturwesen und Göttern hat es nämlich so seine Bewandtnis. Auch wenn sie uns Menschen im Grunde wohl gesonnen sind, so können sie uns doch manchmal einen ordentlichen Schrecken einjagen. Aber vielleicht tun sie das ja nur, um uns zu warnen oder uns einen anderen Weg zu weisen. Urteilt selbst und hört mein Abenteuer!

Auf meinem weiteren Weg war ich in ein Haus eingekehrt, das dem meiner Eltern sehr ähnlich zu sein schien.
Ich befand mich im oberen Geschoss im elterlichen
Schlafzimmer. Nun erschien mir dieser Balkon hier aber
sehr viel breiter und geräumiger, als der, den ich von meinem elterlichen Haus in Erinnerung hatte. Es war schon
fast eine Terrasse. Außer mir saß noch ein älterer Mann
auf dem Balkon, der mich irgendwie an meinen Vater ge-
mahnte. Er saß dort und las in einer Zeitung.

Plötzlich werde ich sehr aufgeregt, denn am Himmel habe
ich eine seltsame Entdeckung gemacht. Der Mond scheint
sich irgendwie vervielfacht zu haben, denn ich sehe überall große, helle Lichtscheiben über uns auftauchen. Ich
kann meiner Erregung kaum Herr werden. Ich will den
Mann unbedingt auf die Erscheinung aufmerksam machen. Aber dieser achtet weiter nicht darauf und fährt ruhig fort in seiner Zeitung zu lesen. Um seine Aufmerksamkeit auf das Ungeheuerliche zu lenken, versuche ich
mich in einer naturwissenschaftlichen Deutung des Phänomens… Kaum hatte ich aber zu reden begonnen, stieg
von der rechten Seite unten eine weiße wunderschöne Gestalt herauf. Ihr könnt euch mein Erstaunen vorstellen, da
sich dort keinerlei Treppe befand. Es durchfährt mich wie
ein Blitz: dies ist eine Göttin. Dies ist Venus. Ich beginne
am ganzen Körper zu zittern, während der Mann ganz bei-
läufig bemerkt, das müsse wohl Venus sein. Er schaut
nicht einmal aus seiner Zeitung auf. Mir fallen wirre Geschichten von Statuenzauber und anderem ein. Venus
zeigte sich indes so wunderschön, dass man ihren Anblick

nur schwer aushielt. Ihre Bewegungen flossen ineins mit ihrem Gewand.

Aber für mich hatte die Erscheinung etwas Grauen Erregendes, Strafendes. Ich wusste instinktiv: Sie war meinetwegen gekommen, und ich verfiel nun in ängstliche Beschwörungen und Beschwichtigungen. Aber daran kehrt sich die Göttin nicht. Sie geht einfach an mir vorbei und lässt sich neben mich auf den Boden nieder. Ich falle vor ihr auf die Knie und erschaudere zutiefst in meinem Herzen. Ich wage es kaum hoch zu schauen. Als ich es dennoch tue, sehe ich in ihre Augen: Sie sind tief dunkelblau und blicken starr wie aus Glas ins Leere. Die Sphinx, durchfährt es mich. Ich beginne zitternde, klägliche Laute auszustoßen in der Angst, dass mich ihr Blick treffen könnte und mein Blut zum Erstarren brächte...

In diesem Augenblick erwachte ich wie aus einem Traum, denn ein Mann beugte sich mit sorgenvollem Gesicht über mich und sagte, ich hätte eigenartige Seufzer und leise Schreie von mir gegeben und er wolle nach mir sehen, was geschehen sei. Ich starrte ihn wie schlaftrunken an. Ich wusste es auch nicht und ich blieb noch ziemlich lange recht verwirrt. Nur eines fühlte ich deutlich: Ich sollte auf meinen Weg aufpassen und auf verborgene Zeichen achten.

Während ich meinen Weg fortsetzte, tauchte an verschiedenen Stellen immer wieder mein Liebster Bert auf, aber ich hatte Mühe, ihn zu erkennen. Er trug komische Anzüge, die mir wie Verkleidungen vorkamen.

Das rätselhafte Gegenüber

Und als ich eine Weile gegangen war, kam ich durch eine unerklärbare felsige Zauberlandschaft. Alles war irgendwie durchscheinend und die Farben leuchteten gleichzeitig wie aus einem inneren Glanz heraus. Als ich die letzte Wegbiegung erreicht hatte, bot sich mir ein atemberaubender Anblick: Zwei mächtige Schlösser, ganz gleich im Aussehen, lagen sich spiegelbildlich gegenüber. Dazwischen breitete sich das dunkelblau schäumende Meer aus, das mit seinen ungezügelten weißen Wellen gegen die schroffe Felswand brandete. Es war schon fast Abend, und die Sonne hing blutrot über dem spiegelnden Wasser. Ein dunkelgelber Mond zog an der anderen Seite des Horizonts langsam herauf. Ich hielt ein und lauschte in die Stille: nichts als das Rauschen der Ewigkeit! - Ehe ich mich recht versehe, bin ich plötzlich von Wasser umgeben. Was war geschehen? Vor mir wand sich ein schmaler Steg, der immer weiter über das Wasser zu führen schien. Da taucht mir gegenüber ganz unerwartet ein Mann wie aus dem Nichts auf. Er sagt mir, ich solle genau zuhören. Ich bin verwirrt…

Und dann habe ich doch nicht genau zugehört, wie sich herausstellt, denn auf die Frage des Mannes, an die ich mich nicht erinnere, kann ich nicht antworten. Und ganz plötzlich weiß ich: Es ist der Tod, der mir da gegenübersteht. Eigentlich wusste ich es schon immer. Ich bin erstaunt, aber ich verspüre keine Angst. Es ist ja nichts Schlimmes, nur ein Sich-Verwandeln. Und ehe ich noch weiterdenke, ist mir der Mann auf die Füße gestiegen - so

29

wie ich als Kind oft mit meiner Mutter oder meinen Geschwistern gelaufen bin - und sagt mir, ich müsse nun immer mit dem Tod in mir herumgehen. Aber als ich ein paar Schritte so gegangen war, begann plötzlich eine Verwandlung und ich verschmolz langsam mit meinem Gegenüber zu einer Gestalt: ein junger Mann, nicht sehr schön, mit Sommersprossen und Akne im Gesicht. Aber das Seltsame ist, dass ich mich nun gleichzeitig von innen und von außen sehe. Ich weiß, ich kann jetzt über den Steg. Gleichzeitig fühlte ich, dass mir jemand aufmunternd die Hand drückte, und so begann ich langsam zu gehen …

Die geheimnisvolle Verschmelzung

Ich ging immer weiter, bis ich zu einem großen Gebäude mit einem geräumigen Saal gelangte. Hier schien eine Art Fortbildungsseminar stattzufinden. Ich setzte mich ruhig auf meinen Platz neben Bert, der auch dort war, und neben meine alte Freundin Uschi.

Aber plötzlich wird Bert zärtlich zu mir, und die Szenerie ändert sich mit einem Schlag. Bert und ich sind allein und er sagt mir tief bewegt: „Ich liebe dich" und wiederholt immer diese drei Zauberworte. Und auch mein Mund und mein Herz sprechen diese schönsten aller Worte, und ich weine vor Glück. Ich fühle mich im wahrsten Sinne des Wortes „holdselig". Während ich den Körper meines geliebten Gegenübers liebkose, verwandelt sich dieser in einen Leib vollendeter Schönheit, an dem auch die Liebe meines früheren Partners Pablo und die geistige Liebe des mir so vertrauten Dichters Hölderlin mitbeteiligt ist. Meine tiefe Lust besteht nur darin, diesen mir heilig gewordenen Körper zu umarmen und zu küssen, und es ist, als sei auf rätselhafte Weise die Scheidewand zwischen Ich und Du aufgehoben.

Ich war zutiefst angerührt von dieser wunderbaren Glückserfahrung, wusste aber, dass ich meine Wanderung wieder aufnehmen musste, um noch andere Gesichter der Liebe zu erlösen.

Der Menschenfresser wird geküsst

So gelangte ich auf meinem langen Weg plötzlich und ganz unerwartet in die Wohnung eines mir unbekannten jungen Mannes. Doch schien, was wie ein gewöhnliches Zimmer aussah, die Wohnung eines Zauberers oder Menschenfressers zu sein. Mich schauderte. Aber diese Seinsebene schien zugleich wie nur „gespielt". Wer ist dieser geheimnisvolle Bewohner wirklich? Treibt er seinen Scherz mit mir?

Als er sich anschickt, mir etwas zu essen zu machen, sagt er lachend, er müsse zu diesem Zweck zunächst noch ein paar kleine Kinder umbringen. Ich ergreife das Messer, das auf dem Tisch liegt, und bedrohe ihn damit. Aber angesichts der Tatsache, dass dieses „gefährliche" Messer meinem nicht sehr scharfen eigenen Brotmesser gleicht, muss ich selbst innerlich ein wenig lachen. Dennoch setze ich dem Mann das Messer an die Kehle und drohe, bei der ersten unbedachten Bewegung loszuschneiden. Das ist bei der Stumpfheit des Messers nun wirklich zu komisch! Also lasse ich das Messer sinken, ergreife den Kopf des Mannes und küsse ihn heftig auf den Mund. Der Mann scheint verdutzt, aber gleich darauf wiederholen wir den Kuss, und der junge Mann beginnt auch zögernd, mich zu umarmen.

Rätselvolle Gesichter scheint die Liebe zu haben, sagte ich mir später, als ich auf dem Weg der Liebe zur nächsten Station unterwegs war.

Braut und Bräutigam

Ich wanderte kräftig weiter und war alsbald in eine Menschenmenge geraten. Irgendwo zwischen ihnen fand ich Bert und setzte mich zu ihm. Er legt seinen Arm um mich, und wir sind im Herzen ganz Eines.

Dann musste ich aber weggehen. Und zwar ging ich nicht irgendwohin, sondern ich ging nach Hause, zum Haus meiner Kindheit. Auf der Straße rief ein Mann, vielleicht ein Nachbar, mir nach, dass er mich ohnehin nicht wolle. Ich verstand nicht, was das bedeuten sollte, jedoch nach dieser Verunglimpfung kam ich mir vor, als ginge ich in Unterwäsche dort auf der Straße herum. Aber als ich zu meiner Mutter Haus komme, zu unserem wirklichen früheren Haus, schaut oben aus dem Fenster mein Liebster, schaut Bert heraus. Er winkt mir zu, lacht mich an und ist ganz Glanz, so schön erscheint er mir. Und als ich ihn erkenne - es ist, als ob ich dabei in einen Spiegel sehe - sehe ich mich. Ich sehe aber nicht etwa so aus, wie ich es vorher befürchtet hatte, sondern ich bin selbst ganz schön geworden. Ich trage ein wunderschönes Kleid, und mein Gesicht strahlt vor Liebe. Ich fühle mich als Braut und meinen Liebsten als Bräutigam. Und als ich etwas später mit meinen Nichten, so wie sie Kinder waren, den kleinen Weg hochging, der dann zu der Straße wurde, auf der mein Elternhaus stand, sagen mir die Kinder, wie schön wir beide sind als Braut und Bräutigam.

Ich freute mich, denn Kindermund tut Wahrheit kund, dachte ich und sann über diese Wahrheit nach, als ich meinen Weg wieder aufgenommen hatte.

Getragen von meinem Schutzengel

Ich war ganz matt vom vielen Wandern geworden und schlief abends schließlich ermüdet in meinem Bett in der Herberge ein. Da fühle ich mich plötzlich in meinem Bett sanft aufgehoben von meinem geliebten Schutzgeist. Ich merke, wie ich mit ihm mühelos durch die Wand gleite, als sei sie überhaupt kein Hindernis und ich sage zu meinem liebenden Begleiter:

. Ach ich weiß schon. Nun verlasse ich meinen Körper mit dir. Aber du bist ja mein Schutzengel, und ich habe keine Angst. Ich fühlte auch eine gewisse Neugier auf das „Reich der Geister".

Aber dann scheine ich doch ein wenig Angst zu bekommen, vielleicht wegen des hinterlassenen Leibes... Jedenfalls wachte ich kurz danach wie aus einem Traum auf und fand mich, etwas enttäuscht, auf meinem Bett wieder. Aber als ich sofort darauf wieder die liebende Gegenwart meines Schutzgeistes spürte, war ich doch getröstet.

Das Durchschreiten des Zeittores

Als ich mich am nächsten Morgen erneut auf den Weg machte und etwa fünf Kilometer gegangen war, gelangte ich an ein großes Tor, das die Inschrift trug „Tor der Zeit. Für Unbefugte Zutritt verboten". Was mache ich nun? fuhr es mir durch den Kopf. Es gab keine Wegbiegung, und wenn ich dem Weg der Liebe weiter folgen wollte, musste ich durch das Tor gehen. War ich dazu ermächtigt? Ich wusste es nicht. Es gab auch keinen sichtbaren Wächter, den ich hätte fragen können, worin die Ermächtigung bestand. Während ich einen Augenblick unschlüssig dastand, hörte ich in meinem Herzen ganz leise eine männliche Stimme, die mich von fern an Berts Stimme erinnerte.
. Du kannst hindurchgehen, hieß es, in ein früheres Leben und in den Grund, wenn du bereit bist, der Stimme des Herzens zu folgen und die vergessenen Gesichter der Liebe in deine jetzige Erinnerung hochzuholen und zu integrieren. Das ist nicht immer einfach, weil sie manchmal wie verschüttet scheinen, von anderen schreckenden Masken verstellt und umstellt, und wenn du sie dann anschauen willst, kann das mit Leiden, Schmerzen oder Ängsten verbunden sein. Aber solange du der Angst und den Zwei-

feln nicht erliegst und immer daran denkst, dass die Gesichter dir helfen wollen, dein heutiges Leben zu bestehen
und zu verstehen, kann dir nichts passieren. Folge immer
deinem Drang zum Guten und Schönen! Und wenn du
einmal in eine heikle Situation geraten solltest, dann kon-
zentriere dich ganz stark auf die Herzstimme und rufe deinen Schutzgeist an. Lass einfach geschehen, was nun
kommt, rief mir die Stimme noch zu, als sie schon im Ent-
schwinden begriffen war.

Ich werde wieder geboren

Ich hätte ihr gern noch Fragen gestellt zu dem, was mich
da erwartete, aber schon war ein heftiger Wind aufge-
kommen, der mich durch das Tor trieb, und, sobald ich
den Weg jenseits beschritten hatte, sich sofort wieder legte.

Ich hatte erst einige Schritte getan, als es mich plötzlich
mit unerklärlicher Gewalt zu Boden riss. Unwillkürlich
kauerte sich mein Körper zusammen, so dass Kopf und
Knie sich berührten. Er krümmte sich wie ein ungeborenes
Kind zusammen, das kurz davor steht, den Mutterleib zu
verlassen, um in die neue Welt hineingeboren zu werden.
Und plötzlich beginne ich heftig zu atmen und mein Mund
stößt schreiende Laute wie die eines neugeborenen Kindes
aus. Ich bin tief bewegt von starken Emotionen der Liebe
und der Dankbarkeit und weiß dennoch nicht, wie mir geschieht.

Ich brauchte eine ganze Zeit, um mich allmählich zu beruhigen und wieder zu erinnern, wo ich bin und um in der Lage zu sein, meinen Weg fortzusetzen.

Der Soldat Napoleons

Aber dieser Weg führte mich alsbald auf einen großen Kriegsschauplatz, wo sich Franzosen und Preußen erbittert bekämpften. Ich erkannte die französische Uniform als die meine und mir wurde klar, dass ich ein führender Offizier in einem Bataillon Napoleons war.

Nach dem schrecklichen Kampf ziehe ich mich in eine Ecke des Feldlagers zurück und hole den letzten Brief hervor, den mir meine Mutter Elisa aus dem Elsass geschrieben hat. Sie schreibt, wie sehr sie sich sorgt um mich und meine Gesundheit. Dann erzählt sie noch von den Geschwistern und dass sich alle danach sehnen, mich bald wieder in ihre Arme zu schließen. Ich entsinne mich unserer mühevollen Flucht vor den französischen Revolutionstruppen, die meinen Vater, der einem adeligen Hause entstammt und Bürgermeister unserer Stadt war, auf die Guillotine bringen wollten. Meine Mutter kam aus Deutschland und so flüchteten wir über die Grenze, indem wir den Rhein überquerten. Dann liefen wir tagelang, und so klein wie ich damals war, hatte ich am Ende ein großes Loch in der Sohle meines Stiefels. Schließlich gelangten wir in eine süddeutsche Stadt, wo wir unter anderen Flüchtlingen ein entbehrungsreiches Jahr verbrachten, aber doch in Sicherheit waren.

Heute kämpfte ich als Franzose - das Elsass gehörte ja zu dieser Zeit zu Frankreich - in Napoleons Heer. Während mir das alles im Kopf herumgeht und ich weiterlese, höre ich in meinem Herzen die liebe Stimme meiner Mutter Elisa und fühle sie wie einen Schutzengel um mich. Diese Stimme, obwohl weiblich, erinnert mich irgendwie an Berts Stimme... seltsam...Ich geriet ins Sinnen, während ich meinen Weg weiterging.

Mein Vater und der Unfall mit dem Pferd

Später kam ich auf meinem Weg in eine kleine Stadt. Um mich herum höre ich Niederländisch bzw. Flämisch sprechen. Die Bekleidung der Menschen und das Aussehen der Stadt lassen darauf schließen, dass ich im 17. oder frühen 18. Jahrhundert gelandet bin, jedenfalls zu einer Zeit, als das heutige Königreich Belgien noch als südliche Provinz zu den Niederlanden gehörte.

Ich selbst, ein kleines Mädchen von etwa sieben Jahren, bin ebenso gekleidet wie die Kinder es zu dieser Zeit waren: mit langem Kleid, einer Schürze und einer Haube auf dem Köpfchen. Ich spiele gerade auf der Straße, als zwei junge Männer vorbeigehen, von denen einer mein Bruder ist. Er ist ein Kaufmann, dessen Geschäfte gut gehen. Im Vorübergehen lacht er laut und in seinem Lachen erkenne ich das Lachen Pablos, meines früheren Partners. - Seltsam, durchfährt es mich, so hängt also alles miteinander zusammen. - Ich habe meinen Bruder sehr lieb und er mich auch. Die Stimme in meinem Herzen spricht leise und zärtlich zu mir und sagt, dass dieser Bruder nur ein Jahr nach mir verstorben sei. Und ich selbst sei mit 18 Jahren gestorben. Aber noch bin ich dieses kleine Mädchen... Dann höre ich auch die Stimme meiner Mutter, wie sie den Vater zu beschwichtigen und zu beruhigen sucht: „Aber sie sind Kinder. Sie waren beim Spielen"..., so als wollte sie Verständnis für eine bestimmte Situation beim Vater wecken. Was war geschehen? Ich frage meine Herzstimme danach, was passiert ist. Da erfahre ich, dass dieses kleine Mädchen, das ich damals war, beim Spiel durch ein plötzlich auftauchendes scheuendes Pferd schwer verletzt wurde und fortan behindert blieb. Der Vater konnte diesen Unfall nie verschmerzen. Er entwickelte einen regelrechten Hass auf Pferde. Sein Gemüt verdunkelte sich in der Folge, und in seiner Trauer und seinem Hader gegen das Schicksal wirkte er düster und in sich selbst zurückgezogen. Ich sah in sein Gesicht, verfolgte ängstlich jede Regung, denn ich fühlte mich unbewusst schuldig; schuldig daran, dass alle Freude aus dem Leben meines lieben Vaters gewichen war. Ich war ja die Auslöserin dieser Herzensverfinsterung, denn ich hatte beim Spielen nicht aufgepasst...

Und während ich ihn noch ansah, wusste ich plötzlich ganz genau, es war Berts Seele, die dort vor mir stand. Es durchschauerte mich: so tief sind also die Schicksale miteinander verwoben! Ich liebte Berts Seele, die ich schon so lange zu kennen schien und in der ich so oft zu lesen glaubte. Heute mag Bert die Pferde, denen er damals Unrecht angedeihen ließ, und er geht vertraut mit Kindern um, die behindert sind, so wie ich es damals war. Und auch ich habe heute ein besonderes Verhältnis zu behinderten Kindern. Nun verstehe ich endlich warum! Ich fange an zu ahnen, wie wenig wir eigentlich wissen von der Wahrheit und den Ursachen der Dinge und unserer Gefühle und dass, wenn wir tiefer blicken, alles anders ist, seltsam und wunderbar gefügt und tausendmal klüger, als der schlaueste Kopf es sich je ausdenken könnte.

Langsam und nachdenklich setzte ich meinen Weg fort, der sich in seltsamen Windungen vor mir erstreckte.

Der Arzt und das Mädchen

Ich folgte den Wegschleifen und gelangte schließlich in eine ländliche Umgebung. Ärmliche Bauern in zerlumpter Kleidung und mit völlig veralteten landwirtschaftlichen Geräten begegneten mir. Umherstreunende Banden von Unholden, die sich zu ihren Unterdrückern und Peinigern aufzuspielen trachteten, traten ihnen oftmals in den Weg und behinderten sie bei ihrer ohnehin äußerst harten Arbeit. Sie ritten auf reich verzierten Pferden und in soldatischer Manier. Möglicherweise gehörten sie zu einem Unterdrückerregime, das diesen Landstrich beherrschte. Von ihrem Betragen her erinnerten sie mich an Nazihorden. Aber aus allem, was mich umgab, konnte ich ersehen, dass ich mich immer weiter rückwärts in die Zeit bewegt hatte. Ich musste mich jetzt im späten Mittelalter befinden.

Inzwischen war ich in ein Dorf hineingegangen, in dem verfallene alte Häuschen stehen. Abfall aller Art und Dreck häufen sich in den engen Gassen und die Abwässer fließen, träge von Schlamm und Unrat, in breiten Rinnen direkt an den Häusern vorbei. Ich selbst bin nun ein junges, einfaches Mädchen, das hier in diesem Dorf lebt. Ich bin Dienstmädchen oder Magd im Haus eines verheirateten Arztes, der den Menschen hilft, wo er kann. Er liebt das Licht und die armen Menschen und verteidigt sie gegen die beherrschenden Unterdrücker. Dafür liebe ich ihn, für das Licht und für seine Güte, obwohl er verheiratet - über seine Frau weiß ich nichts Näheres - und „nicht für mich" ist. Seine tätige Art andern beizustehen gibt mir Mut auch zu helfen und mich den Unterdrückern entgegenzustellen. Der Arzt liebt mich insgeheim auch und ich erkenne in seiner Art der Zuneigung die Liebe Berts wieder. Ich bin ein ziemlich hübsches Mädchen mit langem braunem Haar und brauner Haut und sehe einer Zigeunerin oder einer Spanierin, wie man sie sich so vorstellt, ähnlich.

Als die Unterdrücker eines Tages eine Razzia machen - der Arzt pflegt Heilmittel unter seinen Kleidern zu schmuggeln, um sie den Armen zu verabreichen - nehme ich, kurz entschlossen, ein sehr großes Glasgefäß unter mein langes Kleid und spiele den Bösewichtern eine Schwangere vor. In dem Gefäß ist „süßer roter Wein", die „Speise der Liebenden", und ich verberge dieses „verbotene Kind", Frucht der Liebe, vor den Rohen unter meinem Rock. Wir sind viele, die dort versammelt sind und überprüft werden. Die Kerle scharwenzeln um mich herum, scheinen aber an „das Kind" zu glauben und lassen mich. Später verfolgt mich einer von ihnen und ich laufe in den Wald. Als ich über eine Baumwurzel stolpere, komme ich zu Fall. Aber obwohl es leicht zu bemerken ist, dass etwas anderes unter meinem Rock versteckt ist, kann ich dem Rohling mit „dem Kind" entrinnen. Mein Liebster hat mir Mut und Kraft verliehen, und durch mich gewinnt auch er wieder stärker zu sich und seinem Guten zurück.

Als ich zum erneuten Aufbruch rüstete, konnte ich das Ende des Weges nicht absehen, aber ich fühlte instinktiv, dass es gut war, auf diesem Weg weiterzugehen. Ich musste lange wandern durch hügelige, wüstenartige Landschaften und durch unbekannte Länder.

In der Anhängerschaft Jesu

Schließlich gelangte ich nach Judäa, also ins Land der Juden, wie der Name schon sagt. Als ich das Tor eines kleinen, armseligen Dorfes durchschritten hatte, traf ich bei einer Wegbiegung auf eine Schar von Männern und Frauen - auch kleine Kinder begleiteten sie -, die einem wandernden Prediger und Wunderheiler zu folgen schienen.

Er bedeutete ihnen sich niederzusetzen, denn er wollte ihnen eine Unterweisung erteilen. Und als sie sich auf die Erde kauerten, bin ich mitten unter ihnen. Ich werde mich selbst als eine Frau mittleren Alters gewahr, die offenbar zu seiner Anhängerschaft gehört. Ich trage wie meine Mitschwestern eine Kopfbedeckung, wie man sie auf Gemälden bei Maria, der Mutter Jesu, erkennt. Unter seinen Anhängern ist auch irgendwo mein Liebster. Ich wende mich dem Meister zu. Ich kann das Gesicht und die Gestalt des Mächtigen nicht aus der Nähe wahrnehmen. Eine innere Scheu und eine tiefe Ehrfurcht haben von mir Besitz ergriffen und halten mich zurück, mich ihm weiter zu nähern. Aber im selben Moment, als er zu sprechen beginnt, durchströmt mich ein tiefes Glücksgefühl, und ich weiß, es ist Jesus in seiner ganzen Schönheit und Güte, dem ich zu folgen bestrebt bin.

. Siehe, spricht er, es ging ein Sämann aus, zu säen. Und indem er säte, fiel etliches an den Weg; da kamen die Vögel und fraßen's auf. Etliches fiel auf das Felsige, wo es nicht viel Erde hatte, und ging bald auf, darum dass es nicht tiefe Erde hatte. Als aber die Sonne hochstieg, verwelkte es, und weil es nicht Wurzel hatte, ward es dürre. Etliches fiel unter die Dornen; und die Dornen wuchsen auf und erstickten es. Etliches fiel auf gutes Land und trug Frucht, etliches hundertfältig, etliches sechzigfältig, etliches dreißigfältig. Wer Ohren hat, der höre!

III. Der Pfad des Sinnens

Nachdem die Menge auseinander gegangen war, setzte ich meinen Weg unter tiefem Sinnen fort: Der Mensch selbst ist dieses Gleichnis, erkannte ich, und sein Lieben und seine Taten sind die Saat, die er aussät über Räume und Zeiten hinweg. Ach, dass meine Saat doch aufgehen und

Frucht bringen möge! Das wünschte ich mir von ganzem Herzen, als ich erneut durch das Dorftor schritt.

Kaum hatte ich bemerkt, dass der Weg sich verändert hatte, so tief war ich in meinen Gedanken versunken. Der Weg war nun schmäler und steiler, und ich musste mich mehr anstrengen, um vorwärts zu kommen. Auf dem Wegkreuz, das meine Richtung bezeichnete, war „Pfad des Sinnens" markiert.

Mit dem Buchstaben L über das Eis

Mit dem Beschreiten des neuen Pfades scheine ich auch wieder in die gegenwärtige Zeit gelangt zu sein. Denn ich war einige Stunden auf diesem Pfad weitergelaufen, - es war allmählich immer kälter geworden - als die Gegend mich vage an die Landschaft meines zu Hause erinnerte.

Die Menschen, denen ich begegne, sind emsig damit beschäftigt, alle möglichen Besorgungen zu machen. Dies und das und noch mehr zu kaufen. Sie fahren dazu in ihren Autos umher, plan- und ziellos, wie mir scheint. Doch plötzlich sind die Autos und auch alle anderen Verkehrsmittel verschwunden. Die Landschaft um uns herum ist nun völlig vereist und verschneit. Es gibt nur noch Eines: Buchstaben. Jeder kann sich einen auswählen, um sich darauf über das Eis fortzubewegen. Die Buchstaben sind aber nicht nur irgendwelche leeren Zeichen, sondern sie bedeuten und sind das, was sie darstellen. Sie wirken als Geist der Worte, die in diesen Buchstaben ihren Anfang nehmen. Ich denke: Ein L wäre nicht schlecht, und viele Leute scheinen es auf ein L abgesehen zu haben, denn „L" bedeutet „langsam", und so können sie ruhig und gefahrlos daherrutschen und vielleicht nach Hause gelangen.

„L", durchfährt es mich plötzlich wie ein Blitz, das ist ja auch „Liebe", „Lust" und „Leidenschaft", und ehe ich mich versehe, gleite ich in großen Schleifen schwungvoll auf meinem L dahin. Dabei fallen mir mühelos Verse ein, Reime usw.: Ja, ich dichte. Es sind leichte, schwungvolle, mich beglückende Lieder, die mich über das Eis und über mich selbst hinaustragen. Aber gerade, als ich ein Gedicht aufschreiben will, um es nicht zu vergessen, sehe ich mich unvermittelt in einen Prüfungsraum versetzt.

Die Prüfung und die trauernde Schwester

Ich sitze dort mit einer Schwesterseele - die Frau gleicht meiner leiblichen Schwester - meinem lieben Bert gegenüber. Er ist der Lehrer, und das heißt zugleich der Prüfer. Aber als mein Liebster scheint er auch selbst betroffen zu sein. Eigenartig, denke ich. Er stellt meiner Schwester eine Prüfungsfrage nach den Auswirkungen einer bestimmten Liebe. Meine Schwester zitiert daraufhin einen Text, erinnert sich aber offenbar an den Autor, der zugleich „Urheber" dieser Situation ist, nicht sehr gut. Schließlich nennt sie den Namen „Goethe". Bert scheint betroffen und fragt, ob sie sicher sei, dass dies der Name ist. Ich falle ihr, gleichsam korrigierend, ins Wort und sage:

. Nein. Ich denke doch, es ist Kolakowski, mit der „Gegenwart des Mythos". Damit hatte ich die erfragte Liebe und die Prüfungsursache in den Bereich des „wahren Wortes" gehoben, das im geschehenden Augenblick Überzeitliches fortformt. Später bemerke ich, dass dies die ursprüngliche Bedeutung des Wortes „Mythos" ist.

Inzwischen habe ich, zusammen mit Bert, den Prüfungsraum verlassen, aber meine Schwester ist anscheinend trauernd zurückgeblieben. Es ist ein bisschen so, als würden wir vor ihr flüchten. Wir versuchen immer wieder, uns ihren Blicken zu entziehen. Als wir später über einen Friedhof gehen, sitzt sie dort zwischen den Bäumen und den Grabsteinen und schaut uns ungeheuer traurig an. Wir sind mitten in ihrem Blickfeld. Ich habe großes Mitleid mit meiner Schwester, kann aber momentan nichts für sie tun.

So entfernten wir uns schließlich und ich nahm meinen Weg wieder auf, in der Hoffnung, dass sich das Problem meiner Schwester doch noch irgendwann lösen würde.

Die Sprache des Schicksals im Tarot

Bald darauf tauchte meine Schwester, die nun Züge einer vertrauten Freundin trug, auch wieder auf.

Ich möchte das Schicksal erkunden und in diesem Zusammenhang erfahren, wer ich denn eigentlich bin. Zunächst befrage ich Bert. Er legt eine Karte aus dem Tarot

auf: Es ist das Arkanum 17, „L'étoile", also „der Stern".
Die Karte zeigt eine junge Frau, die aus zwei roten Krü-
gen mit der linken und der rechten Hand Wasser auf die
Erde gießt und dort das Leben zum Sprießen bringt. Ich
erfreue mich an der Karte und bin nun gespannt, welche
Karte meine Freundin aufwerfen wird.

Als sie die Tarotkarte umdreht, sind wir beide erstaunt. Es
erscheint kein bekanntes Arkanum, sondern ein sich stetig
verwandelndes Gebilde: ein sehr feines, aus Gold gewirk-
tes Filigrangefieder. Es sieht aus wie ineinander gewirkte
Schmetterlingsflügel oder Blütenblätter. Die Karte heißt
„das Schweben", und wir fragen uns beide, was sie wohl
bedeuten mag.

Die Sternenschrift

Noch lange Zeit, nachdem ich schon wieder meinen Weg
fortgesetzt hatte, stand mir dieses wunderbare Bild vor
Augen. Inzwischen war es Nacht geworden. Und nicht
weniger erstaunlich war ein anderes Phänomen, welches
mir das nächtliche Himmelszelt bot:

Als ich die Sterne ganz genau betrachte, wie sie am dunklen Firmament blitzen und glitzern, stelle ich plötzlich
fest, dass sie eigenartige Konstellationen bilden. Es ist, als
formten sie seltsame Hieroglyphen zu einer mir unbekannten Schrift. Ach, schoss es mir durch den Kopf, könnte ich
diese Schrift doch entziffern und deuten! Und ich fühlte
mich ganz klein und demütig, aber zugleich sehr geborgen

in der Welt des Anderen, Himmlischen, die so viel Glanz verbreitet.

Fische am Nachthimmel

Ein anderes Mal erschien über mir der dunkle Nachthimmel und darin flogen nicht etwa liebliche Vögel, sondern Fische bewegten sich, gleichsam schwimmend, am Himmelszelt.

Ich stehe staunend ob dieser wunderlichen „Apokalypse". Wohl verstehe ich diese Erscheinung als „Zeichen" und es ergreift mich ein erwartungsvoller Schauer, aber zu deuten wüsste ich das Zeichen nicht.

Das nach Freiheit ringende Vögelchen

In der Tat ist die Natur voller Zeichen, die sich der Mensch nur schwer erklären kann. So geschah es seinerzeit - ich war inzwischen wieder einmal in das elterliche Haus eingekehrt -, dass ich mit meiner Mutter und meinem Vater, der auf geheimnisvolle Weise auch meinem Bert glich, unter dem alten Nussbaum unseres Hofes saß.

Mein Vater hatte die Beine übereinander geschlagen, so dass sie einen Winkel wie zu einer 4 bildeten. Da nähern sich ganz zutraulich zwei zierliche Vögel mit einem ziemlich langen Schnabel und einer von ihnen beginnt, kleine umher liegende Zweige und Grashalme in den Knick seiner übereinander geschlagenen Beine hineinzustopfen, um dort ein Nest zu bauen. Wir lassen es mit Wohlgefallen geschehen. Bald ist das Nest auch schon fertig.

Aber es befindet sich plötzlich in der inneren Manteltasche meines Vaters und ist so groß, dass es die ganze Innenseite des Mantels ausfüllt. Nach einiger Zeit krabbelt von innen ein Jungvögelchen nach oben, um in seine Freiheit zu gelangen. Da es sich zwischen den Kleidern hochzwängt, versuche ich, von außen behilflich zu sein und schlage vor, den Hemdkragenknopf zu öffnen, damit es besser hinausgelangen kann. Aber schließlich stellte sich die Operation als schwieriger heraus, als ich dachte.

Das große Auge an der Wand

Was wollte denn da ans Licht, fragte ich mich, als ich meine Wanderschaft schon wieder aufgenommen hatte. Ich wanderte den ganzen Tag hindurch und war am Abend sehr müde. Ich suchte erschöpft eine Herberge auf und legte mich zum Schlafen nieder.

Als ich erst gerade eingeschlafen war, erwachte ich aber plötzlich aus ich weiß nicht welchem Grund. Ich schlug verwirrt die Augen auf und hatte eine seltsame Vision. Ich sehe an der weißen Wand neben mir ein großes blaues, sehr klares Auge, das nach vorne sieht und mich unbeweglich anschaut. Es ist ein sehr imposantes Auge. Ich erschrecke nicht eigentlich, aber ich frage mich natürlich: Was bedeutet dieses Schauen, und wer oder was ist es, das dich so durchdringend anschaut? Ist es außen, ist es innen? Deutet es vielleicht auf dein Herz, das sehend geworden ist, oder auf die schauende Seele? Sicherlich ist es dein liebender Schutzgeist, sagte ich mir aufmunternd, aber so ganz wohl war mir bei der Vorstellung des im Schlaf so Angeschaut-Werdens nicht...

Als ich lange genug scharf hingesehen hatte, verschwand das Auge schließlich und ich fiel in einen tiefen, wohltuenden Schlaf.

Im Traum sage ich jemandem, der mir anvertraut, er sei gern eine Pflanze, dass ich früher auch einmal so empfunden habe. Aber seitdem ich wisse, was das Selbst-Bewusstsein sei, nämlich höhere Seelenanschauung, sei ich sehr froh, ein denkendes Wesen zu sein und sehr dankbar für dieses anschauende Denken, das Tätigkeit der Seele ist. Das alles weiß ich im Schlaf und bin selber erstaunt über mein tiefes Wissen.

Durch steigendes Schwimmen ans andere Ufer

Als mich die ersten Sonnenstrahlen an der Nase kitzelten, sprang ich sogleich auf die Füße. Ich fühlte mich ausgeruht und guter Laune. Sogleich machte ich mich erneut auf den Weg.

Nach geraumer Zeit kam ich wiederum an ein Meer. Aber „jenseits" dieses Meeres gab es ein anderes Ufer und die

Stimme des Herzens sagte mir, dass ich versuchen solle dorthin zu gelangen. Es schien nicht ungefährlich an dieses Ufer zu schwimmen. Aber ehe ich mich recht besinne, schwimme ich schon im Meer. Eigentlich ist es mehr ein Plantschen und Rudern, wie manche Tiere es beim Schwimmvorgang vollziehen. Das Eigenartige an dem Meer ist, dass der Meeresspiegel in der Ferne nach oben gewölbt ist und ich beim Schwimmen hochsteige. Das Meer ist wunderschön, das Wasser strahlend blau und kristallklar. Aber mir wird plötzlich bewusst, dass ich hineingeraten bin, ohne es so recht zu bemerken.

Da habe ich mit einem Mal einen Begleiter neben mir, der mich aufmunternd antreibt, ich solle nur weiterschwimmen. Mich nach vorne kämpfend, rudere ich durchs Wasser und komme schließlich ganz ermattet am anderen Ufer an. Dort ist herrlicher Strand, feiner weißer Sand, in den wir uns erschöpft fallen lassen. Um uns herum eine üppige Vegetation: Bäume und Pflanzen, die in sattem dunklen Grün erglänzen, und Blumen leuchten in den herrlichsten Regenbogenfarben. So im Sand liegend, schauen wir in die Unendlichkeit des blauem Himmels und genießen, nach bestandener Anstrengung, den Frieden und die uns neu belebende Natur.

Fliegen in Begleitung meines Engels

Wieder einmal war ich unterwegs. Ich war den ganzen Tag gegangen und setzte mich, etwas ermüdet, auf eine

Bank am Wegrand. Ach, dachte ich, wie schön wäre es doch jetzt zu fliegen! Wenn ich es wirklich von innen her will, so sann ich weiter, dann werde ich es auch können, weil ich es dann aus meinem allertiefsten Selbst heraus wünsche. Ich dachte bei dieser Gelegenheit auch an den Tod, der ja wie ein Übergang in eine andere Daseinsform ist. Vielleicht folgt man da seinem lieben Engel in die andere Welt...

Wie ich diesem Gedanken noch nachhänge, fliege ich plötzlich. Ich breite die Arme zum Flug aus wie der Engel seine Schwingen. Ich wundere mich, wie leicht das Fliegen geht, und denke dabei hocherfreut: Ach, das kennst du ja schon! Mühelos folge ich im Flug dem Engel, der mein Begleiter ist.

Nach einiger Zeit kommt es mir in den Sinn, dass ich meine Mutter nicht über unser Wegfliegen unterrichtet habe. Mein Engel sagt mir, ich könne ihr später eine Nachricht zukommen lassen, ich sei ja im fühlenden Herzen mit ihr verbunden. Aber ich bin etwas unruhig, und so fliegen wir beide zurück. Auf der Suche nach der Mutter, gelangen wir unvermutet in die Nähe von Berts Haus. Ich wundere mich, denn ich kenne diesen Ort nicht. Einige Zeit danach habe ich dann erfahren, dass Bert inzwischen umgezogen ist.

Der Krieg trennt die Liebenden

Später, als ich wieder zu Fuß unterwegs war, musste ich, um mir über etwas klar zu werden, für kurze Zeit noch einmal in ein vorheriges Leben zurückgehen. Ich landete in einer Zeit während des ersten Weltkrieges.

Ich bin eine junge Frau, die mit ihrem Liebsten zusammen ist. Wir sind in einem Zimmer und sprechen miteinander. Wir halten uns bei den Händen, denn wir lieben einander ganz von Herzen. Ich führe die Hände meines Liebsten immer wieder an meine Lippen und meine Augen. Mein Liebster muss als Soldat ins Feld, und ich habe große Angst um ihn. Er sagt mir, er wolle mich heiraten, aber nicht jetzt vor seinem Abmarsch, sondern später, wenn er wiedergekommen sei. Ich fühle, er möchte mich nicht an sich binden, denn man weiß ja nicht, was kommt. Er möchte, dass ich meine Freiheit behalte. Ich nehme ihn voller Verzweiflung und voller Liebe in meine Arme und schmiege seinen Kopf an meine Brust, denn er kniet vor mir auf dem Boden. Ich rufe aus: „Wehe, wenn mir an dir etwas drankommt!" Ich bin tief bewegt.

Als ich wie aus einem Traum aufwache, sagt mir die Stimme des Herzens, nicht mein Liebster sei in diesem Krieg umgekommen, sondern ich. Ich sei eines Tages ausgegangen, um etwas zu essen zu besorgen, als mich auf freier Strecke das Geschoss eines Flugzeugs zerfetzt hätte. Ich bin erschüttert. Ich verstehe nun auch, warum ich in diesem Leben als kleines Kind immer Angst vor Flugzeugen hatte. Während ich noch darüber nachsinne, bin ich

52

plötzlich mit anderen Menschen in einem Flugzeug. Es ist die Besatzung der Maschine. Ich bin ganz aufgeregt und erkläre ihnen, dass ich gar nicht verstehen könne, wieso ich plötzlich hier bei ihnen sei. Eben gerade hätte ich mir das Ereignis noch als Film angeschaut.

Ich kam langsam und wie benommen zu mir. Ich begann zu begreifen: So bin ich eigentlich nicht Opfer im Leben, sondern habe - mit einem höheren Bewusstsein - zugleich auch die Sicht „von oben", die Sicht aus der Simultaneität des Höheren Selbst. Von dort her schaue ich mir das Geschehen in der Zeit gleichsam wie in einem Film an und plane mein Schicksal „mit der Besatzung" mit. Auch der Tod ist aus dieser höheren Sicht, aus der Optik des Geistes, der doch ewige Liebe ist, mit eingeplant. Das ist eine tiefe Erkenntnis, die mein bisheriges Denken und Verstehen völlig revolutioniert.

IV. Die Brücke des Lichtes

Von dieser tiefen Einsicht angespornt und beflügelt, wagte ich es, dem Wegweiser zur „Brücke des Lichts" zu folgen. Und ich war hingerissen über das Schauspiel, das sich meinen Augen bot. Vor mir lag eine lebendige Brücke, die sich in Gestalt einer großen grünen Schlange zu der nicht auszumachenden gegenüber liegenden Seite bog. Darunter lagen bewaldete Gebirge und fruchtbare Täler wie auf unterschiedlichen Ebenen angeordnet. Die Schlangenbrücke schien von einem inneren Glühen erfüllt, und an den Wegrainen wuchsen seltene Blumen im hohen dunkelgrünen Gras.

Als ich mich der Brücke näherte und sie schließlich betrat, begann sie in allen sieben wunderschön kräftigen Farben des Regenbogens zu leuchten, so dass ich das Gefühl hatte, über einen solchen herrlichen Himmelsbogen in eine lichte, strahlende Welt zu schreiten.

In einer der Biegungen der Lichtbrücke stand eine prächtige Bank, die zum Verweilen einlud. Hierhin setzte ich mich, um den Frieden und die Schönheit des Ortes und die außerordentlichen Landschaftsformationen in stiller Kontemplation zu genießen.

Seltsames Fernsehen

Aber trotz des einzigartigen Ausblicks ließen mich die vorigen Gedanken nicht los, ja ich schien sie im Herzen weiterzudenken, bis ich in eine Art Tagtraum verfiel:

Ich sehe mich, wie ich fern schaue, aber plötzlich fasse ich durch den Fernseher hindurch, als wäre da überhaupt keine Materie. Es ist, als sei ich mit dem Geist darin verbunden oder so, als ob mein Geist mich durch den Geist in diesem Fernseher liebt.

Es ist eine eigenartige, aber zugleich höchst spannende Erfahrung, über die ich mehr wissen möchte. Die sinnende Stimme in meinem Herzen erklärt mir, dass in dieser höheren „Schau" das Selbst sich bewusstseinsmäßig auf ein Anderes fokussiert und im Lieben bzw. Erkennen zum Spiegel des Geistes dieses Anderen wird. Auf dieser Ebene des versöhnenden Liebens bzw. pneumatischen Schauens bilden alle einen einzigen Geistzusammenhang, den man als heilenden bzw. christlich als Heiligen Geist bezeichnet. Ich bin erstaunt. Aus der Bibel oder anderen christlichen Texten habe ich manches über den Heiligen Geist gelesen oder gehört. Es war dort meist auf eine Art Entrückung oder Zungenreden verwiesen, aber noch nie hatte ich eine gleichsam wissenschaftliche Erläuterung dieses Phänomens erhalten.

Ich freute mich sehr über diese tiefere Erkenntnis und hoffte zugleich noch viele ähnliche Erkenntnisse über das Licht zu erlangen.

Auf der kosmischen Realitätsebene

So belehrt, maß ich nun auch dem Träumen einen ganz anderen Stellenwert zu. Waren wir während des Träumens nicht in einer anderen, ätherisch-feinstofflichen Realität, in der das Ego schwieg, so dass sich tiefere Zusammenhänge der Lichtwelt direkt oder im Symbol offenbaren konnten? Als ich an diesem Abend schlafen ging, tat ich es mit ganz besonderem Respekt und Achtung vor der Traumwelt und in großer Vorfreude auf das, was sich vielleicht dort ereignen würde. Es war Folgendes:

Ich telefoniere mit einem Franzosen. Das Verhältnis ist fast erotischer Art, aber dennoch geht es um Kosmisches. Wir sprechen in Französisch miteinander. Er sagt mir: „Nous sommes des visionnaires" (Wir sind Visionäre, mit dem Herzen Sehende) und dass ich mit an einem Werk arbeite, bei dem etwas Bestimmtes wissenschaftlich nachgewiesen werden soll. Ich könne nach Frankreich kommen, um dort für eine planetarische Zeitschrift zu arbeiten, wenn ich wolle. Auf jeden Fall solle ich etwas von der neuen Ebene des Fühlens darstellen, um die es geht. Es heißt, die Erde würde zeitweilig „verdeckt" oder „zugedeckt", so dass der Mond seine Bahn verändern könne. Durch die Abschwächung der Erdanziehung könne die Bahn des Lichtes und auch das planetarische Schicksal verändert werden. Durch meine Bewusstmachung könne ich mit zu dieser Stabilisierung im Kosmischen beitragen.

Als ich an diesem Morgen erwachte, also wieder in mein irdisches Bewusstsein zurückgekehrt war, war ich in höchstem Maße erstaunt. Ich konnte noch nicht wirklich aufnehmen, was mir da zugetragen worden war. Aber es sollte noch zu weiteren Eröffnungen aus der Lichtwelt kommen, die mich meiner eigentlichen Lebensaufgabe näher bringen sollten.

Sehen lernen

Von einer der Voraussetzungen der kosmischen Entwicklung des Menschen bzw. seines Herzens erfuhr ich in einem Traum in der nächsten Nacht.

Morgens hatte ich in meinem neuen Quartier in der Zeitung die Überschrift eines Artikels „Der Akt des Sehens" gelesen, hatte aber die Zeitung weggelegt, um mich später mit dem Artikel näher zu beschäftigen. Nun träumte mir in der Nacht, ich arbeite in universitärer Kompetenz an wichtigen Entdeckungen des neuen Menschseins mit. Auch Ulrich, einer meiner Freunde, ist mit von der Partie. Er möchte die Richtigkeit des Körperbewusstseins erweisen, während ich vor allem mit der Frage beschäftigt bin, wie man lernt, die für das irdische Bewusstsein im allgemeinen unbewussten feinstofflichen Welten zu erkennen und welche Bedeutung dem Herzen und der Seele in diesem Zusammenhang zukommt. Wir bekommen von einer Professorin einen Film gezeigt und wir lernen an diesem Film „sehen".

Als ich am Morgen aufwachte und meinem Traum nachsann, fiel mir der besagte Zeitungsartikel wieder ein. Ich las also den Artikel und stellte fest, dass es um das Entschlüsseln der inneren Bilder, der Seelenbilder, ging, um sie in kodierter Form per Computer an Blinde weiterzugeben, die so über den inneren Bildgehalt die äußere Erscheinung der Dinge (er)kennen lernen sollen. Nach und nach fiel mir die Bedeutungsanalogie auf zwischen diesem Vorgang und der Traumunterweisung. Auch das irdische Bewusstsein ist gleichsam blind für die Sicht höherer kosmischer Welten und Vorgänge. Indem wir mit dem Herzen sehen und die Bilder der „Seeleninnenwelten" langsam zu entschlüsseln lernen, erweitert sich unsere Sicht bzw. unser Bewusstsein auch im Hinblick auf die uns umgebende Welt der Erscheinungen und unser irdisches Dasein.

Meine Unterweisung über die Geistwerdung der Seele

Während meiner weiteren Wanderschaft auf der Brücke des Lichts dachte ich sehr viel nach über die geistig-spirituelle Entwicklung des Menschen. Je mehr Stationen spiritueller Schulung ich hier absolvieren würde, desto stärker würde sich mein Geist für die Wahrnehmung und für die Belange der feinstofflichen Welten öffnen.

Eines Tages geschah es, dass ich in der Astralsphäre meinem Bruder und einem seiner Freunde begegne, die in ihrem Lieben mehr dem Leben des Alltags verpflichtet sind. Ehe ich es noch recht bedenke, erteile ich ihnen eine Unterweisung über den Prozess der Geistwerdung der Seele. Ich erkläre ihnen, dass die Seele an sich noch nicht wisse, sondern es sei das Höhere Selbst, das wisse, obwohl die Seele ihrem Wesen nach schon Geist ist. Dennoch müsse die inkarnierte Seele sich in unterschiedlichen Erfahrungs- und Erkenntnisstufen weiterentwickeln, um Aspekte der göttlichen Liebe, des Höheren Selbst, zu integrieren und so einen höheren Evolutionsgrad zu manifestieren. Das alles kommt mir sehr flüssig aus einem unmittelbaren Wissen über die Lippen, ohne dass ich darüber nachdenken muss. Ich fühle, dass dies eine direkte Inspiration ist, eine Eins-Werdung mit meinem geistigen Führer.

Während ich in dieser Unterweisung bin, die sich ohne intellektuellen Stolz des Ego vollzieht, fahren plötzlich aus einer Erdspalte ein paar fleischige, tierhafte Hände und versuchen, mich hinabzuziehen. Ich kneife in diese fleischigen Hände und kratze sie mit meinen Nägeln, aber das alles erweist sich als wenig wirksam. Da rufe ich in meiner Herzensangst: „Christus, bitte, hilf mir!"

Ehe ich mich versehe, ist mein Astralleib in meinen irdischen Körper zurückgeschnellt und ich erwache auf der Stelle in mein irdisches Bewusstsein. Ich war nicht wenig erschrocken nach dieser Erfahrung, machte mir aber zueigen, dass ich in solchen Gefahrenmomenten stets die kausale Ebene bzw. das Christusbewusstsein, die höchste Sphäre der geistigen Welten, anrufen könne.

Unterweisung meines Geistführers über spirituelles Vorankommen

Manchmal wurde ich auf meinem Weg über die Lichtbrücke bei aufkeimenden Fragen mit direkten Antworten meines Geistführers geehrt. So auch in dem folgenden Fall. Ich wollte gern die Voraussetzungen zu einem schnellen spirituellen Voranschreiten wissen und erhielt dazu folgende Ratschläge:

1) Hänge nicht an dem, was sich in deinem (Unter) Bewusstsein Dunkles regt!
Sei gerichtet auf das Steigen! Lass den Wandel zu!

2) Denke nicht an ichhaftes Sich-Vergleichen und Macht in der Welt! Der Weg wird sich öffnen.

3) Arbeite an deinem Lieben, nicht an den Widerständen, an den Substantialisierungen der Materie!

. Dies sind sehr wichtige Grundsätze für die geistig-spirituelle Entwicklung des Menschen, erläutert mein Geistführer, aber wisse, dass sie nicht immer so leicht umzusetzen sind und dass du viel Geduld mit dir selbst und mit deinen Mitmenschen aufbringen musst. Und wisse auch: Immer wächst einer aufrichtigen und liebenden Motivation von unten eine huldvolle Bewegung von oben entgegen, die dich aufrichten und weiterbringen wird.

Natürlich bot diese mündliche Belehrung durch meinen feinstofflichen Geistführer jede Menge Stoff zum Nachsinnen für mich. Aber das Wichtigste würde sein, mich ihrer in entsprechenden Lebenssituationen zu erinnern und, statt mich von den Ereignissen zerstreuen zu lassen, eine Sammlung der Seele bzw. des Geistes zu vollziehen.

In Neukirchheim

Ich nahm mir vor, alle meine Kräfte zu bündeln und mein Bestes zu geben. Und als ich bei meiner nächsten Station, in Neukirchheim, ankam, standen bereits weitere Offenbarungen aus der Licht- bzw. Kausalsphäre an.

Während der Name des Ortes „Neukirchheim" für mich sehr sprechend ist, denn er weist auf die „neue" oder „unsichtbare Kirche", die als eine Vereinigung im Christusgeist das kosmische Herz betrifft, bemerke ich sofort, dass ich mich hier sehr schnell daheim fühle. Es stellt sich auch bald ein geistiger Lehrer ein, der meinem vor längerer Zeit geäußerten Verlangen nach Unterweisung über die Möglichkeiten der Vorhersagbarkeit des Lebens nun an diesem bevorzugten Ort entgegenkommt.

Während er zu mir über die Gesetze der Vorhersagbarkeit des Lebens spricht, fühle ich mich die ganze Zeit stark mit meinem Höheren Selbst verbunden. Das ist auch nicht verwunderlich, denn das Höhere Selbst ist die Hauptinstanz im Hinblick auf das Schicksal des Menschen. Welchen Bezug das Höhere Selbst zu der so genannten Seelenfamilie hat, Wesen, die sich einander im spirituellen Aufstieg fördern, und was nun im Einzelnen vorhersagbar ist und was nicht, bleibt mir an dieser Stelle versagt, darzustellen. Es sei nur so viel von diesen Geheimnissen verraten: Das Leben ist weder Fatum, dem wir blind ausgeliefert sind, denn wir besitzen ja einen freien Willen, der von seiner Anlage her äußerst kostbar ist, noch sind wir in der Lage, mit unserer Ratio die tatsächlichen Beweggründe menschlicher Handlungen und die tieferen Zusammenhänge von Geschehnissen erfassen und beurteilen zu können. Deshalb ist es unabdingbar, **vom (Be)Urteilen und Werten wegzukommen** und **mit dem Herzen sehen** zu lernen!

Die Intersubjektivität des Fühlens

Das Herz und immer wieder das Herz! Ohne Bewusstheit des Herzens ist keine höhere - oder wenn man so will tiefere - Erkenntnis möglich. Das Herz war denn auch Thema einer Unterweisung, die ich bald darauf selbst erteilte, als ich an einer neuen Station der Lichtbrücke einen Aufenthalt einlegte.

Es hatte sich unerwartet ein großer Kreis von Leuten um mich geschart, als ich begann über das Fühlen zu sprechen: dass die (An)Erkenntnis des Gefühls sehr wichtig ist, denn sie ist die Basis jeder Art von Selbst-Erkenntnis, denn das Selbst als Lieben der Seele kann nur über das Herz wahrgenommen und als Empfindungsebene gelebt werden. Man geht immer davon aus, dass das Fühlen rein subjektiv sei, aber auch **das Fühlen** folgt ganz bestimmten Gesetzen und ist daher **intersubjektiv**, das heißt ein Moment der Wahrheit. Es sagt uns etwas über unsere Seele und auch über die Reinkarnationsgesetzlichkeiten, denn das Herz lebt dort, wo es liebte bzw. geistig noch lebt.

Damit kam ich auf die wichtige Thematik zu sprechen, dass das Herz sich nach einer anderen als der irdisch gezählten Zeit ausrichtet. Aber das sei an anderer Stelle näher erläutert!

In der Aura lesen

Auf meiner weiteren Wanderung wohnte ich schon kurze Zeit später einem seltsamen Geschehen bei, das mich ziemlich betroffen machte und sich mir tief ins Gedächtnis einprägte.

Als ich auf einige Menschen zuging, die vor einer Taverne einen geselligen Kreis zu bilden schienen, tritt plötzlich aus ihrer Mitte eine Frau hervor, die mir in allem wie mein Alter Ego gleicht. Ich fasse es kaum, ist dies eine wirkliche Frau oder ist es die Gestalt meiner Seele, die aus mir selbst hervorgetreten ist? Tief bewegt und voller Staunen lausche ich, was sie zu sagen hat. Während sie meinen Bruder anschaut, der sich ebenfalls in der Menge befindet, erzählt sie, wie sie vor vielen Jahrhunderten mit ihrem heutigen Bruder als Mann und Frau zusammengelebt hat. Sie berichtet Einzelheiten aus ihrem damaligen Leben und wie sehr sich die beiden geliebt haben. Und doch leben sie heute als Bruder und Schwester! Der Bruder bemerkt, dass er die Entwicklung zu Geschwistern hin nicht besonders toll fände, auch erinnere er sich selbst an diesen Vorgang nicht.

Da greife ich, ohne eigentlich zu wissen warum, in das Geschehen ein. Ich erkläre den Umstehenden, die Frau könne das an der **Aura** des Mannes sehen. Man könne darin wie von außerhalb der Zeit **lesen**. Ich bin über meine Bemerkung selbst nicht weniger erstaunt als die Umstehenden, die mich ziemlich ratlos ansehen, da sie offenbar gar nicht wissen, was eine Aura eigentlich ist. Da ich nicht weiter Rede und Antwort stehen möchte, schiebe ich mich schnell durch die Menge und setze mit einem Abschiedsgruß meine Wanderreise fort.

Inneres Leben als Schatz

Je mehr Schritte ich auf dem Wege des Lichts zurückgelegt hatte, desto leichter fiel es mir, mich mit meinem Geistführer oder inneren Genius zu verbinden. Wenn ich auf dieser Bewusstseinsebene lebte, gelang es mir, intuitiv die Situationen, in denen wir uns bewegten, zu erfassen. Während ich mich in einem großartigen Glücksgefühl tiefster Verschmelzung befand, flossen mir zugleich Erkenntnisse höheren Wissens zu. Manchmal geschah dies in inneren Visionen, denen Erklärungen beigemischt waren, manchmal erfuhr ich aber auch über die Intuition mündliche Belehrung, wie ich sie oben geschildert habe. Oft war auch das Bewusstsein präexistenten Liebens betroffen, das in meinem Höheren Selbst aktiviert war.

Erst allmählich begriff ich, welch ein ungeheurer Schatz dieses innere Leben ist!

Stationen auf der Bahn des Lichts

Ich erinnerte mich, dass ich schon seit früher Kindheit daran interessiert war zu erfahren, welcher Natur die Seele ist. Nun wurde mir nach und nach bewusst, wie tief alle Dinge in unserer Seele eingeschrieben sind. Ich erfuhr, dass wir zu einer ganz bestimmten Weltepoche, gleichsam zu einem neuen Lebensalter der Erde, neu inkarniert werden und gemeinsam mit unserer Seelenfamilie einen neuen Inkarnationszyklus beginnen, weil wir gerade in dieser Zeit gebraucht werden und wir gerade jetzt - zur Förderung der Bewusstwerdung Gottes bzw. der Ewigen Liebe in der Welt - etwas tun und bewirken wollen.

Die unterschiedlichen Gestalten, die unsere Seele bzw. unser Selbst in der Zeit annimmt, bilden zusammen ein großes Schicksal, eine Art **himmlisches Schicksal**. Sie stellen Stationen dar auf der Bahn des Lichtes.

„Ich" war wohl schon sehr oft wiedergekommen. Aber habe ich immer das bewirkt, was ich mir - auf der Ebene des Höheren Selbst - vorgenommen habe? Diese Frage ging mir beim Weiterwandern durch den Kopf.

Verlust meiner Söhne und Verfolgung durch einen feindlichen Indianer

Und während ich darüber nachdachte, was wohl ein **auslösendes Moment** für einen **Karmaausgleich** und mithin für eine Höherentwicklung des Bewusstseins des Göttlichen sein könnte, wurde ich plötzlich sehr müde, so dass ich mich auf eine der am Wegrand stehenden Bänke niederließ.

Gleich hatte ich eine innere Vision. Mein Selbst führt mich in die Zeit der Inkas zurück. Ich befinde mich in Peru, in einer Wildnis in der Nähe von Cuzco. Ich sehe von hinten einen Indianer mit grauem, zu einem Pferdeschwanz zusammen gebundenem Haar. Ich bin dieser Indianer. Ich reite auf einem Pferd und werde von dem Krieger eines feindlichen Stammes verfolgt. Was ist geschehen?

Unser Indianerdorf ist von einem feindlichen Stamm angegriffen worden. Während des Kampfes sind meine beiden Söhne - es sind Vorinkarnationen meines heutigen Freundes und spirituellen Partners Joscha und seines Sohnes - weggelaufen. Ich bin in das Kampfgeschehen verwickelt. Schließlich werden wir besiegt und in die Flucht geschlagen. Nach einiger Zeit reite ich zurück. Unser Dorf ist niedergebrannt. Ich suche meine Kinder, kann sie aber nicht finden. Ich bin sehr besorgt um sie und mache mir Vorwürfe, dass ich sie nicht beschützt habe. Ein Krieger des feindlichen Stammes entdeckt mich und verfolgt mich. Ich bin sehr wütend auf ihn. Schließlich irre ich, verzweifelt über das vermutlich schreckliche Ende meiner Söhne, in der Pampa umher. Nachdem ich alles verloren habe, komme ich selbst durch Verdursten in der Wildnis zu Tode.

Völlig erschöpft von dem Durchleben dieser Szene und tief bewegt, wird mir unter Tränen klar, warum ich immer das starke Gefühl in mir hatte, ich müsste Kinder retten. Erst als ich anfing in der Schule als Lehrerin zu arbeiten und konkret begann, mich täglich mit ihnen auseinanderzusetzen und als dann Joscha in mein Leben trat- ich hatte ihn auf einer Engel-Tagung kennen gelernt und es bestand sofort eine tiefe seelische Anziehung zwischen uns -, der ein ausgezeichneter Pädagoge ist und mich sehr stützte bei meiner Aufgabe, ließ dieses Gefühl allmählich in mir nach.[1]

Der Soldat und der Indianer

Wieder war ich zutiefst verblüfft über die Folgerichtigkeit des himmlischen Schicksals und des **geheimen Seelenplans**. Aber irgendwie schien das Geschehen sich noch fortführen zu wollen. Ich gab dem nach und entschlummerte nach einigen tiefen Atemzügen.

Mein Traum führt mich ins 16. Jahrhundert. Ich lebe in einer Art Camp oder Fort und scheine ein Soldat höheren Ranges zu sein, der mit den Indianern zu tun hat. Anscheinend stehen wir mit ihnen im Kampf. Irgendwo liegt der Skalp eines getöteten Indianers in meinem Zelt. Scharfsichtig sehe ich voraus, was geschehen wird, wenn andere Indianer ihn dort finden. Und obwohl ich mein Tun innerlich eigentlich ablehne, treffe ich doch alle Vorkehrungen, diesen Skalp verschwinden zu lassen. Ich entsinne mich sehr wohl dieses scharf denkenden Mannes, der ich

---

[1] Ich möchte keinesfalls, dass diese Aussage missverstanden wird. Natürlich glaube ich auch weiterhin, dass man den Kindern, besonders in der so genannten „Dritten Welt" helfen muss, um sie vor dem Hungertod und einem schlechten Leben zu retten. Ich unterstütze aus diesem Grunde auch weiterhin, nach meinen Möglichkeiten, die Organisationen, die sich hier verdienstvoll einbringen, mit Patenschaften und Spenden.

war, obwohl ich zugleich - mit meinem heutigen Bewusstsein der Frau - seine Handlung fürchte und verabscheue.

Kurz darauf werden wir dann auch von Indianern überrascht. Einzelheiten des Vorgangs sind mir entfallen, für mich jedoch schien sich das ganze Geschehen auf einen einzigen Menschen zu konzentrieren: einen mich verfolgenden Indianer. Und möglicherweise weil ich ihn überlistet habe, spricht er schlimme Verwünschungen über mich aus und vollzieht irgendeinen magischen Zauber, indem er bestimmte Zeichen, begleitet von magischen Formeln, gegen mich vollführt. Ich antworte im Zorn und in Furcht mit einem Gegenzauber, während ich weiter auf der Flucht vor ihm bin. Aber noch während ich diese Zeichen ausführe, durchfährt mich plötzlich ein höheres Bewusstsein, und eine tiefe Menschenliebe auch gegen diesen meinen so genannten Feind ergreift von mir Besitz. Ich schlage plötzlich das Kreuzzeichen über ihn und segne ihn. Ich spreche dabei: „Gott segne dich" und „er möge dir verzeihen".

Einer meiner Vorgesetzten hat diesen Vorgang mit angesehen, und er kommt mit dem offenen Schwert auf mich zu. Ich weiß irgendwie, was nun geschehen wird. Ich habe Angst vor dem körperlichen Schmerz und überwinde sie zugleich aus dem höheren Bewusstsein der Liebe und Hingabe an Gott. Ich weiß, dass er mit dem Schwert ein riesiges Kreuz in meinen Körper schneiden wird, und ich fühle bereits den Schmerz, noch bevor die Klinge meinen Leib erreicht hat. Mit den Armen versuche ich meinen Leib zu schützen, dann fühle ich auch schon den Schmerz der Schnittwunden auf meinen Armen.

Als ich aus meinem Traum erwachte, war ich mit meinen Kräften völlig am Ende, aber erleichtert. Es war mir gelungen, mein Schicksal anzuerkennen und aus der Liebe zum Menschen - und eben zu meinem Höheren Selbst - mich und meine Angst zu überwinden. Ich hatte also eine Projektion rückgängig gemacht und wurde mir bewusst, dass alles, was man einem Anderen antut, man schließlich auch sich selbst antut. Denn das Selbst ist ein Verhältnis, das sich zu sich selbst verhält und in diesem Verhalten sich verhält wie zu einem Dritten. Oder vereinfacht ausgedrückt: Auf der Ebene des Geistes ist alles ein einziger Zusammenhang des Lebens und Liebens. Und auch meine Frage, über die ich zuvor nachgedacht hatte, war damit beantwortet: **Vergebung**, die aus einem höheren Bewusstsein der Liebe heraus geschieht, wirkt ausgleichend auf den karmischen Gesamtzusammenhang. Auf diesem Wege ist es möglich, die Vergangenheit zur Heilung in neuer Spur „umzuschreiben" bzw. **einen Aspekt verstellter Selbst- oder Gottes-Liebe zu erlösen.**

Das „Dritte Auge" und die Erleuchtung

Also ist die Heilung oder Ganzwerdung an einen neuen Bezug des Selbst zur Zeit geknüpft, schloss ich, während ich meinen Weg weiterging. Mein Sinnen war schon seit längerer Zeit auf diese Thematik gerichtet. Wenn es nicht nur ein irdisches Selbst, den Menschen in seiner Geschöpflichkeit, gibt, sondern „das interdimensionale Selbst, dessen Erkenntnis ein zu entwickelndes Programm der Menschwerdung bzw. der Vervollkommnung des Menschen ist" und das sehend werdende Herz der Weg dazu ist, wie mir mein Geistführer anvertraut hatte, dann waren solche Formen der „Heilung" mit einer Aktivierung von Aspekten der so genannten Akasha-Chronik verbunden. Dies ist eine Aufzeichnung des gesamten Schicksalspotenzials, die im Lebensgrund verankert ist und durch das Basis-Chakra erreichbar ist. In diesem Zusammenhang ist es notwendig, ein neues Zeitverständnis zu entwickeln, weg von der linearen Zeit zu einer kosmischen Zeit bzw. Bewusstheit, der Bewusstheit des sinnenden Herzens. Ich erfuhr dies durch eine Traumvision, die ich in der darauf folgenden Nacht hatte:

Es geht um die Energiezone „lila", aus der, wie ich bemerke, Energie strömt. Ihr entspricht das 6. Chakra, das Stirnchakra, das auch als „Drittes Auge" bezeichnet wird. Ich sehe ein großes kosmisches Auge am Himmel, das auf die Art zu sehen, die ich zu lernen beginne, hinweist. Dabei werden vom Leben vier kleine Pflänzchen bearbeitet bzw. zubereitet. Da sie im Boden geblieben waren, wurde ihr Wachstum von der Erde sorgend umschützt.

Dieser Traumvision folgt eine durch das Geistselbst inspirierte Weisheit: **„Gleichzeitigkeit zu denken, ist Erleuchtung. Was dabei vor sich geht, ist eine multidimensionale Introspektion der Seele".**

Ich versuchte zu begreifen, was ich da vernommen hatte. Mit Hilfe meines inneren Lehrers, einem aktivierten Aspekt des Geistselbst, konnte ich folgende Deutung erarbeiten: Die Seele ist zugleich ontisches Sein, das „von der Erde sorgend umschützt wird". „Vom Leben" - welches die Seele als körperliches Wesen ja auch ist - werden „vier kleine Pflänzchen" - die unteren vier Chakren, Aspekte des sinnlichen Lebens betreffend - „bearbeitet", auf Geistliches bzw. auf göttliches Sehen oder Schauen hin zubereitet (= Geistwerdung der Seele). Wenn das Herz des Menschen - seine Liebe - sich für das Licht der Seele öffnet, sich dem kosmischen Sehen oder Schauen ganz hingibt, wird sein „Drittes Auge", das geistige Schauen („im Energiezentrum lila") aktiviert. Diese Aktivierung bewirkt **kosmisches Denken** bzw. **Sinnen des Herzens**. Als Höheres Selbst - also in der Simultaneität oder als Simultandenken - vollzieht dieses eine „multidimensionale Introspektion", die von Seiten des Menschen einer Erleuchtung bzw. einem Sein auf der Kausalebene entspricht.

Die Funktion des Bösen

Für diesen Tag - und auch noch für eine geraume Zeit danach - war ich voll damit beschäftigt, dem Erfahrenen nachzusinnen. Ich beschloss, meine Wanderung für einige Tage zu unterbrechen, um mich ganz diesem Sinnen hinzugeben. In der Nacht erhielt ich wiederum eine Unterweisung, die durch einen Verfolgungstraum eingeleitet wurde.

Es ging um mehrere Menschen, die mich verfolgten, aber der Traum als solcher war nicht von Bedeutung. Dann erfuhr ich, dass ja auch diese „Verfolger" nicht wirkliche

Verfolger sind, sondern das so genannte Unbewusste - eigentlich eine Ebene des Liebens der Seele - nimmt diese Gestalt des ver-stellten Aspektes bzw. des Projizierten an, um mich etwas erkennen zu lassen bzw. etwas Bestimmtes zu bewirken. In der irdischen Polarität könnte ich ohne das Böse das Gute gar nicht erkennen.

So ist es auch mit der Funktion des „Versuchers" in der Welt. Mir fiel unwillkürlich die Selbstdefinition Mephistos aus Goethes „Faust" ein: „Ich bin ein Teil von jener Kraft, die stets das Böse will und stets das Gute schafft". In Wirklichkeit ist EIN GEIST. Aus höherer Sicht besteht eine funktionale Gleichwertigkeit von Gut und Böse. Das so genannte Böse ist also in diesem Sinne eine Funktion, die im Grunde der **Wahrheitsfindung** als unterscheidende Kraft **innerhalb der Dualität** dienen soll. Unerkannt oder „unbearbeitet" - dem Herzen nicht als Sinn bewusst gemacht - ver-stellt es aber die Wahrheit des Fühlens (das Urbild bzw. Wesen der Liebe) und des Sinnens (das Wesen des Geistes).

Von den ersten Formen des Lebens bis hin zum ersten Menschen

Nachdem ich Dir mit diesen Traumauswertungen genügend Stoff zum Nachdenken gegeben habe, lieber Leser, möchte ich Dir doch noch von meiner vorläufig letzten Station auf der Brücke des Lichts berichten. Ich hatte soviel über Bewusstwerdung reflektiert, dass ich nun auch das Werden von Leben in einer Traumerfahrung durchlaufen sollte.

Es scheint, ich durchlebe die einzelnen Stationen der biologischen Evolution. An all die konkreten Inhalte der Evolution erinnere ich mich nicht im Einzelnen, nur dass es ein sehr beschwerlicher Entwicklungsgang zu sein scheint von den ersten Formen des Lebens bis hin zum ersten Menschen. Dann sagt mir meine Geistführerin - ein aktivierter Aspekt aus der sinnenden Seele -: „Sieh, der erste lebendige Mensch in seiner Höhle!" Ich bin über dieses großartige Bewusstseinsereignis - als Leistung der „bislang" unbewussten Psyche - so freudig erregt, dass ich dicke Tränen weine.

Es liefen mir tatsächlich dicke Freudentränen über die Wangen, als ich aufwachte. Wie dankbar muss man der göttlichen **Liebe zum Leben** sein über all dieses hervorgebrachte Leben!

Ich versuche zu erklären, was in dieser feinstofflichen Erfahrung geschehen war: Das kollektive Unbewusste spiegelt die biologische Evolution - die Entfaltung von Geist in der Materie - wider, die als gesamter Lebenszusammenhang in den Basis-Chakren verankert ist. Aufgrund dieser Verankerung kann man bewusst-seinsmäßig an diesen „Speicher" angeschlossen werden. Das bedeutet, dass ein Aspekt der schon erweckten Kundalini - der sich im Menschen bewusst gewordenen göttlichen Schöpferkraft oder Liebe zum Leben - aktiviert wird. Aufgrund dieser Aktivierung - Aktivierung meint das Sinnen der Seele, welches Höheres Selbst ist - konnte ich teilhaben an dem

Prozess der Menschwerdung bzw. der Geistwerdung der ontischen oder Vital-Seele.

V. Das Herz-Haus

Mit dieser so wichtigen Lernstation schien das vorläufige Ende der Brücke des Lichts erreicht zu sein. Denn als ich wenig später meine Wanderung wieder aufnahm, mündete die lebendige, wunderschöne Brücke in einen großen sternenförmigen Platz ein. Auf diesem hell schimmernden Platz stand nur ein einziges großes Haus: Es hatte die Form eines riesigen Herzens und leuchtete bald in hellgrünen, bald in rosenroten Tönen geheimnisvoll von innen heraus.

Ich betrat durch die offen stehende Tür das so überaus kunstvoll erschaffene Gebäude. Die Fenster waren so angelegt, dass sich eines im anderen spiegelte und der dazwischen stehende Mensch wie ein Verstärker des eben Angeschauten wirkte, indem er das, was er durch das eine Fenster erkannt hatte, gleichsam in sich aufnahm und es in den Blick durch das gegenüberliegende Fenster mit hineinnahm. Dadurch veränderte sich die Optik in kaum zu beschreibender Weise. Alles, was man je erkannt hatte, konnte wiedererkannt werden und alles, was man Schönes gesehen und erlebt hatte, erwachte im Innern dieses Hauses zu neuem Leben. Tiefe Freude stieg in mir auf und durchdrang alle Fasern meines Seins. Ich kam mir vor wie in einem wunderbaren Zauberreich, das mich von Stockwerk zu Stockwerk und von Raum zu Raum zunehmend verwandelte.

Denn das prächtige Haus hat neben dem Kellergeschoss vier Ebenen und unnennbar viele Räume. Alle Zimmer sind weit, geräumig und sehr hoch, überhaupt von ihren Dimensionen her viel ausgedehnter als in einem gewöhnlichen Haus. In dem obersten Stockwerk, zu welchem es mich stark hinzieht, sind die Räume ganz besonders hell. Aber in diesen oberen Räumen wird noch gearbeitet. Es scheint alles frisch geweißt, Farbtöpfe stehen herum und Pinsel liegen auf dem Boden. Ich überlege, was alles noch zu tun ist, wenn man genau hinschaut. Als ich Hand anlegen will, kommt mir ein älterer Mann entgegen, der ein wenig meinem Vater gleicht, mir aber zugleich wie ein geistiger Lehrer begegnet.

. Ja, es gibt eine ganze Menge zu tun, bemerkt er. Es ist nicht leicht für mich, beide Aufgaben, das Leben und das Lied, in der Zeit zu erfüllen. Ich bin ein wenig müde geworden darüber.

Aber ich weiß, in demselben Haus, ein Stockwerk darunter, wohnt gen Westen, also zur Vollendung hin gewendet, mein Bruder. Und ich möchte auch gern so einen Raum gen Westen bewohnen, wenn einmal alles fertig ist. Das sage ich dem Alten, und er sagt mir zu, mir weiterhin so viel wie möglich behilflich zu sein. Ich bedanke mich herzlich bei ihm und verspreche ihm, meinerseits mein Bestes zu geben.

Als ich später weiterwanderte, fiel mir plötzlich ein, dass ich früher sehr oft von einem unbewohnten Raum oder Haus geträumt hatte, das ich einrichten sollte, um dort zu wohnen. Nun kam mir bei diesem wunderbaren Haus das „Haus des Seins" eines großen Philosophen in den Sinn.

Dieser meint mit dem „Haus des Seins" die Sprache, die also zur „Wohnstatt" des Göttlichen werden soll. Mein innerer Lehrer hilft mir, diese Idee weiterzuverfolgen: Es handelt sich dabei um eine **Sprache intuitiven Erkennens**, die das Wesen der Dinge, also die Dinge in ihrer Dimension des Göttlichen bzw. Ewigen, zum Ausdruck bringt. In diesem „LIED des Ewigen" wird das **Sinnen des Menschen** eines mit dem **Sinnen der Seele bzw. des HERZENS**. Das Haus hat unterschiedliche Etagen, Ebenen der Sprachwerdung des Göttlichen, womit zugleich die unterschiedlichen Sphären des kosmischen HERZENS gemeint sind. Die Sphären sind die unterschiedlichen Offenbarungsweisen des Logos - des göttlichen Geistes bzw. der schöpferischen Liebesenergie Gottes - in der Schöpfung bzw. die Erkenntnisstufen des Selbst. Die Herzerkenntnis ereignet sich in der **irdischen Sphäre** als **Sinnen des Menschen**. In der **Emotionalsphäre** vollzieht sich **Geist als Empfindung**, in der **Mentalsphäre als Erkenntnis** und in der **Kausalsphäre als Mitschöpfertum**. Je stärker die Wahrheit göttlicher Erkenntnis in die Sprache einfließen kann, desto sinnender ist das Wort des Menschen.

VI. Das Schwingungsfeld des Liedes

Diese Gedanken führen fraglos zum Lied, denn als ich weiter voranschritt, gelangte ich in ein Schwingungsfeld, in dem ich Töne von hoher Frequenz und vollkommener Sphärenharmonie wahrzunehmen begann. Glücklich verfolge ich eine Art Grundton, der sich alsbald in ein kräftiges Rot umgestaltet. Das Rot wandelt sich bei höherer Tonlage in Orange, dann in Gelb, und schließlich entwickelt sich bei Grün das himmlische f des Herztons. Hellblau, Indigo, Lila und endlich ein alle Farben widerscheinendes Perlmutt bilden eine Oktave sinnlich-himmlischer Harmonie. Töne und Farben schwingen ineinander zu einem wunderbar preisenden Gesang wie von Engelszungen, welche das Ewige Gestalt werden lassen.

Ich bin entzückt und wie von Sinnen. Schlagartig begreife ich die **Schönheit und die Harmonie der ganzen Schöpfung.** Das Lied ist immer ein Preisen, in das ich einstimmen möchte, ein Preisen des Lebens als sinnhaften Schicksalszusammenhang, ein Preisen der Liebe als vorgängigen Geistzusammenhang, ein Preisen des Göttlichen in jedweder Erscheinung. Die Erscheinungsformen des Göttlichen so von ihrem Wesen her in die Bewusstheit zu gebären, das ist **Zeugen im Schönen**, wie ich es von Platon her kenne, das ist es, was ich möchte, daran möchte ich teilhaben, teilhaben mit meinem ganzen Sein. Wollte ich das nicht immer schon? Während ich in dieser wunderschönen Gegend weiterwandere, gehe ich in meine schauenden Erinnerungen zurück.

Meine Arbeit mit Bert und die zweierlei Arten von Geld

Früher einmal, es ist schon länger her, arbeitete ich in einer Universität. Aber diese Universität glich nicht den

Unis, die ich aus dem physischen Leben kannte. Die Räume waren viel weiter und einladender und auch viel heller. Ich sollte gleich vorne am Empfang sitzen und die Menschen, die zu uns kommen wollten, begrüßen.

Ein junger Kollege war dabei, meinen Schreibtisch einzurichten. Bert ordnete an, dass darauf noch eine Menge Schriften von mir stehen sollten. Während der Kollege an dem Schreibtisch weiterarbeitet, kommt Bert zu mir und gibt mir Geld. Einmal gibt er mir abgezähltes Geld, das ich in die linke Hosentasche stecke, aber dann gibt er mir noch einen Tausendmarkschein für die rechte Hosentasche. Den will ich natürlich nicht annehmen und gehe Bert nach, um ihm den Schein zurückzugeben. Da meint er: „Steck den weg für später, wenn wir zusammen glücklich sein werden". Da verstehe ich plötzlich und bin ganz froh in der Hoffnung auf diese neue Zeit.

Was ist das für eine Zeit? dachte ich, als ich weiterging. Ist es eine Zeit außerhalb der Zeit oder eine Zeit in einem neuen Leben, in welches die Seele hinein inkarniert? Ich hatte ja schon öfters Erfahrungen aus vorherigen Lebenssituationen durchlebt, die mir etwas von der Sinnhaftigkeit und der unendlichen Liebe deutlich machten, die in dem großen Schicksalszusammenhang der Seelen vorherrschen. Dabei dachte ich auch an eine Begebenheit, die sich auf Pablo, meinen früheren Partner, bezog. Ich will sie euch erzählen.

Wie gut und göttlich alles gefügt ist

Ich lebte zu dieser Zeit in meiner Familie, die nicht meine heutige Familie ist, aber mit der ich auch sehr eng verbunden war. Ich war ein junges heranwachsendes Mädchen, halb noch ein Kind. Die Familienverhältnisse waren recht ärmlich, es handelte sich um eine der typischen Arbeiterfamilien, aber das ist nicht weiter von Bedeutung. Ich hatte einen jüngeren Bruder, der oft recht waghalsige Spiele unternahm. Ich höre noch die Stimme meiner Mutter, wie sie liebevoll mit ihm schimpft, als wir uns alle drei zusammen in der Küche aufhalten. Gleich darauf sehe ich in einem inneren Bild, wie sich mein kleiner Bruder mit der Schaukel ganz um sich selber dreht... und da ist es geschehen. Er ist tödlich verunglückt. Mich ergreift ein ungeheurer Schmerz bei diesem Verlust. Ich weine sehr und auch meine Mutter ist sehr traurig.

Später gehe ich mit meiner Freundin Karin, die mich zu trösten versucht, zum Friedhof. Ich habe den Bruder verloren, und mein Schmerz darüber und meine tiefe Liebe zu meinem Bruder sind unaussprechlich. Dies ist das Leiden in der Zeit. - Aber plötzlich bricht eine andere Wirklichkeitsebene in dieses Geschehen hinein: Es ist mir, als erwachte ich aus einem Traum und ich erlebe, wie ich aus der Ferne auf das gerade Geschehene blicke. Ich erzähle jemandem davon, dass ich soeben in einem anderen Leben gewesen bin und wie gut und göttlich alles gefügt ist und dass das Leben Freuden und Schmerzen birgt. Aber diese sind für diese Welt. Ich habe gelernt, das Leben nicht zu verachten, auch das Leiden um ein liebendes oder geliebtes Wesen nicht, aber plötzlich ist mir so, als hätte mein Herz den Tod überwunden. Und ich erfahre nun durch meine sinnende Seele, dass Pablo dieser Bruder gewesen ist und dass er später einmal mein Kind sein wird.

Es ist fast unvorstellbar, lieber Leser, wie tief ein solches Durchleben ist und wie stärkend es sich auf das Herz auswirkt! So sagte einst meine Seele zu mir „Du bist mein Bild", und ich verstand, was sie damit meinte und fühlte zugleich eine unendliche Liebe, die sich in meinem ganzen Innern wie eine wohlige Wärme und Geborgenheit ausbreitete. Ich fühlte mich geehrt, als „Bild der Seele" bezeichnet zu werden. Erst später wurde mir bewusst, dass auch eine große Verantwortung damit verbunden ist, denn das Bild kann blinde Flecken oder eine schmutzige Patina bekommen. Aber Hinweise in dieser Richtung wurden immer nur sehr leise oder andeutungsweise erteilt...

Wandern durch die Zeiten

So wanderte ich einmal an der Hand meines liebenden Schutzgeistes Elisa durch die Zeiten. Es ist dies ein wunderschönes Ereignis: Langsam verliert der Fuß die Schwere und bald treten wir - hinter meinem alten Geburtshaus - hinaus ins Grüne. Alsbald beginne ich zu schweben und kurz darauf gänzlich zu fliegen. Ich liebe es, über alles so dahinzufliegen und frei zu sein von aller Erdenschwere. Ich fliege ins Blau des Äthers, aber als ich gewahr werde, wie hoch ich fliege, hört das Fliegen plötzlich auf.

Nun gelangte ich mit Elisas Seele an ein wunderschönes Haus. Geschah der Zugang vom Garten aus oder doch mehr von einer grünen Flur? Der Eingang in das Haus ist mir entfallen, aber ich erinnere mich, dass wir bald durch einen Flur in ein Wohnzimmer mit einem großen Kamin kamen. Der Boden ist dielenähnlich, aber alles ist geräumig und zu ebener Erde. Man geht direkt auf den Kamin zu, und ich freue mich, diesen „wiederzuerkenen", denn ich bin mir nun gewiss, dass ich dies alles, was ich da im Herzen liebe, aus einem anderen Leben her kenne.

So habe ich wahrlich den Eindruck, durch die Zeiten zu wandern. Wir gehen rechts in den nächsten Raum, der sehr hell und mit vielen schönen Möbeln ausgestattet ist. Er wirkt wirklich gemütlich. Ich öffne eine Tür nach der anderen, und es folgen mindestens drei Räume hintereinander. Ich bestaune alles und freue mich im Herzen. Einmal kommen von der Straße Menschen herein, aber nicht durch die Tür. Das Haus scheint irgendwie „offen" zu sein. Unter anderem kommt ein dunkelhäutiges Mädchen, bei dessen Anblick ich unwillkürlich an Yarumi, mein heutiges Patenkind aus Mexiko, denke. Dann gehe ich mit Elisa zurück ins erste Zimmer. Da ich sie sehr liebe, würde ich sie am liebsten immerfort umarmen. Ich schäme mich ein bisschen dafür. „Lass nur", sagt sie mir, „und denke daran, dass wir im Wort und in der Liebe zum Licht immer Eines sind; dort ist unsere gemeinsame Liebe verwirklicht."

Als wir beieinander sitzen, tritt plötzlich ein schwarzhäutiges Dienstmädchen herein. Ich freue mich, sie zu sehen und verbinde intuitiv ihre Erscheinung mit meinem anderen Patenkind aus Haiti. Das Dienstmädchen pflegt einen ziemlich vertrauten Umgang mit Elisa. Es sagt ihr plötzlich, dass wir uns 1918 im Krieg befinden werden. Ich frage ganz erstaunt, ob das Jahr 1918 denn noch nicht erreicht ist. Elisa entgegnet etwas von „28" und ich wiederhole „1828?" Die Zeit, die mich plötzlich ins Denken bringt, verwirrt mich... Da lässt Elisa etwas über den Schuldzusammenhang in den Zeiten verlauten, und dass die nicht eingestandene Schuld, der verdrängte Schatten also, eine Art Umkehrung der Verhältnisse bewirkt, durch welche die Seele die Wirkung, welche sie zuvor verursachte, nun an sich selbst erfährt. Das bedeutet, dass das nicht aufgearbeitete „Böse" von außen wieder auf uns zukommt, und dies wiederum hat zur Folge, dass wir die Wahrheit unseres Schicksals nicht erkennen und also auch nicht an- bzw. aufnehmen können.

Die karmische Nichtauflösung von alten Empfindungs-, Vorstellungs- und Verhaltensmustern kann sich in unserem Schicksal auch als Krankheitsgeschehen äußern. Das ist ein Gedanke, der uns nicht sehr behagt, denn wir empfinden in der Regel weder eigene noch fremde Krankheit als Kausalzusammenhang, sondern als etwas, das uns „von außen" und unerwartet zustößt. Da die Hinweise der Seelenführung immer sehr dezent erfolgten, ward mir in diesem Zusammenhang ein Traumerlebnis zuteil, das mir sehr zu denken gab.

Mein Schutzgeist und der kranke Junge

Drei Wochen nach Elisas obiger Erklärung (im Juli 1990) träumte mir, ich sei „im Lande der Seligen" und ich begegnete meinem Schutzgeist. Dies hatte ich mir immer gewünscht, meinen Schutzgeist einmal zu sehen. Nun, in diesem luziden Traum, wurde mir mein Wunsch erfüllt.

Es begegnet mir plötzlich eine junge zierliche Frau mit kürzerem braunem Haar und einem schön geschnittenen und freien Gesicht. Mir ist sofort klar, ich stehe vor meinem Schutzgeist. Die Frau kommt mir, obwohl sie sehr konkret und menschlich erscheint, wie ein Engel vor. Sie fragt sogleich, wo ich denn wäre. Und ich antworte, ich sei schlafend, d.h. im Traum. Sie nimmt mich schnell bei der Hand und macht sich mit einem Gerät an meinem Lichtleib zu tun. Es ist offensichtlich, dass sie mir Energie zuführt.

Es sitzt dort auch ein älterer kranker Junge. Er will mir ins Gesicht fassen, aber der Schutzgeist winkt ab. Wenn ich mit dem Kranken in Berührung träte, würde es mir schaden. Ich bin erstaunt und kann das nicht einsehen. Mein Herz bzw. mein Mitgefühl scheint dagegen aufzubegehren. Der Junge fasst mir ins Gesicht und presst meinen Mund schmerzhaft zusammen. Und plötzlich scheine ich zu verstehen, dass mein Mund nun nicht mehr „unschuldig-rein" sprechen kann.

Ich dachte über dieses feinstoffliche Geschehen sehr viel nach und konnte es mir nur folgendermaßen erklären: Die

Krankheit als Einwirkung aus dem Unbewussten - als Schuldzusammenhang - stellt einen niederen Schwingungsbereich dar und erschwert das „preisende Lied", das in einer hohen Frequenz bzw. einem hohen Bewusstheitsgrad schwingt. Aber da dieser Aspekt „Krankheit" nun einmal aktiviert, d. h. für die Seele „sichtbar" ist, möchte er auch „erlöst", das heißt ins Sinnen des Herzens aufgenommen und als begründeter Schicksalszusammenhang anerkannt werden.

Aber „begriffen", das heißt „verstanden in seinem Bezug auf mich", habe ich das Ganze erst viel später, als ich es bereits an meinem eigenen Leib erfahren hatte. Ich will den Vorgang etwas detaillierter darstellen, damit deutlich wird, worum es geht. „Das Wandern durch die Zeiten" und Elisas Erklärung über die kriegerischen Handlungen als Schuldzusammenhang in den Zeiten wurden mir Mitte Juni 1990 zuteil. Wie aus dem „Pfad des Sinnens" zu ersehen ist, war Elisa, als „ich" als Soldat Napoleons diente, meine Mutter, die bereits 1817 starb. In dieser Funktion gab sie mir 1990 die obige „Erklärung". Ich schrieb alles nieder, hatte aber zu dieser Zeit weder den genauen Inkarnationszusammenhang noch die für mich damit verbundene Schuld (an)erkannt.

Als ich viel später, nämlich 2002, an die Deutung dieser mir im Feinstofflichen erteilten „Erklärung" gehen wollte, wurde ich plötzlich sehr krank. Ich verbrachte mehr als ein halbes Jahr mit einer lebensbedrohlichen Bauchgeschichte im Krankenhaus (ich wog noch 37 kg), und es wollte sich keine durchgreifende Besserung einstellen. Da ich nicht nur körperlich sehr viel erlitten hatte, sondern auch psychisch aufgrund der nicht einsetzenden Heilung ziemlich verzweifelt war, konnte ich in der Tat nicht mehr „unbeschwert singen", das heißt mein Schicksal als sinnvoll und lobenswert anerkennen. Erst als schließlich Armin, der Freund Joschas, mich im Krankenhaus besuchte - es handelt sich (wie ich erst sehr viel später erfuhr) bei Armin um eine Nachinkarnation meines früheren Vorgesetzten, des Major B. aus Napoleons Heer, dem ich seinerzeit das Leben gerettet hatte - und als heutiger Lichtarbeiter an mir Energieübertragungen vornahm, hatte das zur Folge, dass ich den Aspekt „Soldat Napoleons" und die damit in Kriegshandlungen auf mich geladene Schuld (an)erkennen und **vergeben** konnte. Erst nun setzte langsam der Heilungsprozess ein. Als ich mich 2003 wieder der Deutung meiner Träume zuwandte, war ich in höchstem Maße perplex: Ich war fasziniert von der Folgerichtigkeit der Geschehnisse.

Die Zeit und das Erkennen

Aber auch zu diesem Zeitpunkt hatte ich noch nicht alle Facetten bzw. Aspekte wirklich erfasst. Abgesehen von der Tatsache, dass ich 2003 Armin noch nicht als meinen früheren Vorgesetzten Major B. erkannt hatte, sondern in ihm einfach einen mich unterstützenden Freund und Lichtarbeiter sah, möchte ich, lieber Leser, einmal dein Hauptaugenmerk auf das Zeit-Phänomen lenken.

Wenn man das Vorherige sorgfältig liest, ist auffällig, dass unterschiedliche Zeitstränge im Erleben mit unterschiedlichen Zeitsträngen im Erkennen in sinnvoller Weise miteinander verknüpft sind. Die Linearität von Zeit erscheint aufgehoben. Ich erlaube mir, an dieser Stelle einige Erklärungen im Hinblick auf die Zeit und das Erkennen einzustreuen, die das Verständnis dieses hoch komplexen spirituellen Sachverhaltes etwas erleichtern sollen.

Es ist hinlänglich bekannt, dass das Wesen von Zeit nicht viel zu tun hat mit der auf unserer Uhr ablesbaren Maßeinheit, welche sich die Menschen gaben, um ihr Leben zu organisieren. Auch die Bestimmungen von Tag und Nacht, Monaten und Jahren entsprechen einer festgelegten Einteilung, die sich an Bewegungen der Planeten und Gesetzlichkeiten der Natur, wie sie in unserem Sonnensystem herrschen, ausrichten. Zeit ist keine Konstante, besitzt nicht Objektivität, wie wir seit der Entdeckung der Relativität von Zeit durch die moderne Physik wissen. Zeit ist „subjektiv", d. h. von der Wahrnehmungsebene abhängig. Wir - als irdische Wesen - nehmen Zeit zweidimensional wahr, nämlich in der Linearität von Vergangenem und Zukünftigem. Das hängt mit der diskursiven Ausrichtung bzw. der polaren Strukturiertheit des irdischen Denkens zusammen. Die **Wahrnehmung** unseres Ego-Selbst ist **durch unser linear arbeitendes Gehirn vorstrukturiert**. Das menschliche Gehirn arbeitet sequentiell - d. h. in einer Reihenfolge - in endlicher Zeit und dient der Verarbeitung von Sinneseindrücken. Die Synapsen des physischen Gehirns brauchen, um Eindrücke und Gedanken zu verarbeiten, Zeit.

Aber die nicht-physischen Ebenen - auch des Menschen - sind dieser Beschränkung der Wahrnehmung nicht unterworfen. In den höheren Lichtdimensionen herrschen andere Zeitrahmen oder Simultaneität des Geistes vor. Alles ist durch den Fluss der Energie miteinander verbunden, und das Bewusstsein ist aufgrund der erhöhten Schwingungsfrequenz in viel höherem Maße empfänglich bzw. durchlässig. Das direkte oder **intuitive Erkennen** zeichnet sich dadurch aus, dass alles blitzhaft, gleichsam wie mit einem Schlag da ist, denn dieses Erkennen erfolgt **aus den Dimensionen unseres geistigen Selbst** (oder des sinnenden Herzens) heraus, jenseits von unserem Raum und unserer Zeit. Von dieser erhöhten Warte aus spielt sich „Zeit" simultan ab, alles existiert quasi gleichzeitig. Das Geistselbst kennt keine lineare Zeit und drückt sich in vielem zugleich aus, es existiert simultan. Die **lineare Zeitwahrnehmung** hingegen dient dazu, **Ursache und Wirkung auseinander zu halten** und so bestimmte **Lernerfahrungen** zu ermöglichen. Die Wahrnehmung des Verstreichens von Zeit, d. h. das Fühlen der Dauer eines Ereignisses, macht es möglich, dass „nicht alles zugleich geschieht" und dass in unserer Wahrnehmung die Wirkung aus der Ursache folgt. Ein bedeutendes Gesetz des Lernens in der irdischen Dualität ist das Karma, das - vereinfacht dargestellt - auf dem Konzept fußt, dass A das Leben von B in irgendeiner Weise beeinflusst hat und dass die Wirkung dieser Beeinflussung erwidert werden muss, damit das energetische Gleichgewicht wiederhergestellt wird. Die lineare Zeit ist ein Rahmen, der zu dieser Unterscheidung wie überhaupt zur Erfahrung irdischen Lernens notwendig ist.

Aber auf der **Simultanebene des Geistselbst** ist **gleich-zeitiges Agieren auf vielen Ebenen**, das heißt in vielen Wirklichkeiten und Dimensionen, die Regel. Man bezeichnet diese Arbeitsweise unseres Höheren Selbst oder Geistselbst als **Synchronizitätsprinzip**. In der linearen Zeit kann man nur einzelne Aspekte dessen wahrnehmen. Man spricht dann von Synchronizitätsphänomenen, die sich aufgrund schwingungsmäßiger Anziehung - Resonanz genannt - vollziehen. Während der Fokus - der Brennpunkt des Bewusstseins oder Gewahrsams - beim Geistselbst in der Einheit mit allem zentriert ist, bleibt die Wahrnehmung des Menschen meistenteils an die physische Form gebunden. Er erlebt und identifiziert sich als getrennt vom Göttlichen bzw. seinem Höheren Selbst-(Bewusstsein). Eine Bewusstseinserweiterung in diesem Sinne besteht darin, bewusst Ebenen des Geistselbst zu fokussieren, also seinen Brennpunkt des Gewahrsams dorthinein zu verlagern.

Auch Träume können in der „Simultanzeit" sein. Es bedeutet, dass der Träumer bzw. das Traumbewusstsein - in der Regel das Herz - in der Lage ist, sich aus der linearen Zeit heraus und in **parallele Wirklichkeiten** und **andere zeitliche Rahmen** zu begeben. Das **Sinnen**, die feinstoffliche oder innere Arbeit des Selbst, die man aufgrund des Durchlebens als kathartischen Vorgang begreifen kann, findet im eigentlichen Sinne nicht nach Gesetzen linearer Zeit, sondern **nach Herzbewusstheit** bzw. kosmischer Bewusstheit statt. Das ist aus dem Kapitel „Wandern durch die Zeiten" recht schön ersichtlich. Elisa, die hier als „Mutter" oder geistige Lehrerin aus der Ebene des

Geistselbst fungiert, spricht in ihrer Unterweisung von 28. Wenn ich nun aus meinem Herzbewusstsein heraus daraus das Datum 1828 mache, nehme ich eine zeitliche Eingrenzung vor, die möglicherweise nicht eingrenzend gemeint ist, weil jedes „kriegerische Verhalten" im Gegensatz zur Vergebung und zur Versöhnung karmische Wirkungen zeitigt. Aber den Fokus auf 1828 legend, nimmt das Herzbewusstsein sich selbst in den Zusammenhang hinein und strebt so einen karmischen Ausgleich an, der dann in diesem Fall erst viel später dem irdischen Bewusstsein erkennbar wird. Solange wir uns „kriegerisch" bzw. kämpferisch opponierend verhalten oder auch nur in gleicher Weise auf Aggressionen reagieren, ist das alte Gefühls- bzw. Denkmuster noch nicht wirklich aufgelöst. Erst wenn wir mit dem, was geschieht, in Frieden leben und das Göttliche als uns einigenden Geist (der Versöhnung) in allen und die Liebe als das uns leitende Prinzip anerkennen, SIND wir wahrhaft.

Momente des Ewigen

Eine andere Erinnerung, die sich mir fest ins Gedächtnis eingegraben hat, kann auch unter diesem Aspekt kosmischer Zeit gesehen werden, denn sie handelt davon, wie Zeitliches Ewigkeit wird, wie **ein zeitlicher Moment** zu einem **Aspekt des Seins** wird. In diesem Zusammenhang steht auch die Frage, die ich mir schon so lange stellte - und ich denke, das ist eine Frage, die viele Menschen bewegt-: wie Liebende sich über den Tod hinaus wiedererkennen. Da ich meine Mutter sehr liebte und diese einige

Monate zuvor gestorben war, erhielt ich die Antwort durch folgendes Traumerlebnis.

Ich fahre mühelos mit dem Fahrstuhl in den oberen Teil des Hauses und treffe dort auf meine Mutter und meine Schwester. Ich bin so glücklich, meine Mutter dort im Leben zu finden und auch zugleich erstaunt, weil ich doch von ihrem Tod weiß. Ich frage, was denn für eine Zeit sei, und sie sagt mir, es sei der 11. November, und ich realisiere sofort, dass das ja noch „vor ihrem Tod" ist (Sie starb in ihrer physischen Existenz am 16. November). Ich umarme sie viele Male sehr herzlich und empfinde die Liebe so tief, dass ich gar nicht aufwachen möchte.

Als ich dann aufwachte, tat mir mein Herz weh von der Intensität des Liebens und des Schmerzes um ihren Tod. Als ich darüber nachsann, was denn am 11. November geschehen ist, wurde mir klar, dass das der Sonntag vor ihrem Ableben war, an dem ich mich ganz besonders liebend um sie gekümmert und alles für sie getan hatte, um ihr das Leiden erträglich zu machen. Ach hätte ich sie doch immer so geliebt!

Ich begriff nun, was es heißt, aus der Seele heraus zu lieben, und ich begriff auch, dass dies eine Antwort war auf meine Frage, wie sich Liebende über den Tod hinaus wiedererkennen: An den Momenten des Ewigen, die in ihrem **Seelengedächtnis** - im kosmischen Herzen - leben.

Bei den Erdmenschen

Das **kosmische Herz** ist in der Tat eine sehr geheimnisvolle Angelegenheit. Es bildet einen Raum mit unterschiedlichen Sphären, in die wir - je nach Herzbewusstheit - hineingelangen können. Es ist nicht nur möglich, wie in einem Haus mit dem Fahrstuhl in die oberen Stockwerke zu fahren, sondern man kann auch in ganz tief liegende Sphären vordringen. So geschah es mir einmal im Zusammenhang einer **Lektion in Sachen Lichtarbeit**.

Ich erlebte sehr intensiv, wie ich den Körper verließ und in eine andere Dimension vordrang. Mir war nicht ganz klar, wie ich dahin kam, aber plötzlich befand ich mich in einer **anderen Zivilisation** in einer andersartigen Welt: Ich bin mit Menschen oder Wesen zusammen, die in einer Gesellschaftsordnung leben, welche sehr viel stärker den tatsächlichen bzw. naturhaften Verhältnissen angepasst ist. Wir leben in einer sehr schwierigen Situation im Hinblick auf Klima und Beschaffenheit der Erde. Wir sind eng einander angeschlossen, und man darf sich keinen Fehler oder Irrtum leisten im Zusammenleben mit den Elementen, weil das verheerende Folgen für die Gemeinschaft haben könnte.

Seltsamerweise habe ich den Eindruck, als lebten wir in oder unter der Erde. Es kommt mir so vor, als handelte es sich um ein Leben in einem früheren Abschnitt der Evolution oder in einer früheren Entwicklungsstufe, die irgendwo in fernen Zeiten liegt. Andererseits scheinen mir die Menschen bzw. Wesen außergewöhnlich bekannt mit den

Natur- und Lebensgesetzen zu sein, so dass ich ihnen folgen muss, um dort überhaupt „den Halt" nicht zu verlieren. Es sind wichtige Lebensprüfungen zu bestehen, aber die Wesen sind sehr gut organisiert. Ich erhalte eine sehr Praxis bezogene Unterweisung und stehe zugleich unter dem Schutz dieser Wesen.

Meine Lektion in Sachen Selbstdisziplin und Beschränkung auf das Notwendige, habe ich verstanden. Ohne die gute Organisation und die ausgezeichnete Gemeinschaft untereinander ist solch ein Überleben unter schwierigen Lebensumständen nicht zu meistern. Ob es Seelenverwandte aus der lemurischen Erdepoche waren, die mir diese Einsicht vermittelten und unter deren Schutz ich stehe, kann ich nicht mit Gewissheit sagen, aber dass es sich um Wesen aus meiner Seelenfamilie handelte, die der ontischen Ebene des Selbst - dem Herzen der Natur - entstammen, ist ziemlich sicher. Es ist ja nicht die Epoche, die entscheidend ist. Für das Herz gibt es den Unterschied von Licht und Leben nicht. Wie oben schon dargestellt, ist Zeit auf der Ebene des Geistes relativ. Die Fokussierung auf diese Thematik erfolgte offenbar, weil sie für den **Aufstiegsprozess der Erde**, an welchem die **Lichtarbeiter** als erwachte Seelen aktiv mitwirken, von Bedeutung ist.

Kierkegaards Bild

Das geistige Herz oder das Selbst spricht meist in symbolischer Weise zu uns, vielleicht um unser geistiges Verstehen zu fördern. Im Symbol ist es immer schon „jenseits" - im Sinne einer rationalen Festlegung - und zugleich **in** jeglicher Wirklichkeit. Das Symbol, selbst wenn es nur funktionalen Charakter hat, eignet der Natur des Geistes: seiner Vieldeutigkeit im Sinne von Unendlichkeit und seiner Absolutheit im Hinblick auf den Wahrheitscharakter. Die Grundlage dieser Erkenntnis bildete ein Traum, dem ich im Hinblick auf die notwendigen Eigenschaften eines Lichtarbeiters nachsann und der eben von diesem **geistigen Verstehen** handelt.

Ich erklärte einem Kollegen, der eine pragmatisch-realistische Sicht der Dinge und der Welt vertritt, den Hintergrund des geistigen Verstehens. „Wenn ich etwas zuvor geistig durchlebt habe - z.B. Goethes Weimar oder sein Haus -, erkenne ich gleichsam seine Seele, sein Wesen, und das Bewusstsein bleibt nicht mehr nur auf den irdischen Aspekt fokussiert. So erlebe ich die Realität geistverstärkt und sie wird mich nicht durch Nichtigkeit oder Profanität enttäuschen. Geistiges Verstehen ist ganz eigentlich das Wesen der Herz-Erkenntnis." Während ich so sprach, erschien vor uns ein großes Bild, das Kierkegaard gemalt hat. Die Mitte dieses Bildes ist aber malerisch ausgespart. Möglicherweise stellt sie ein Kreuz dar, auf jeden Fall eine symbolische Figur, die durch ein Wort - einen Namen, einen Begriff - vorgestellt wird.

Diese **Art der Erkenntnis** wird nun in einen **Zusammenhang zu Christus** gebracht, denn Kierkegaard hat ein literarisches Bild Christi erstellt. Indem die Mitte ausgespart bleibt, wird das Wesen dieses Göttlichen nicht durch

Vorstellung fixiert. Das Dargestellte bewahrt sein Geheimnis. Vielleicht stellt sie ein Kreuz dar, was auf das Leiden des Gottes im Irdischen bzw. auf das Leiden des Irdischen zurückverweisen würde. Christus lebte - als „Symbol", als Zeichen - das Leiden der Erde bzw. des Irdischen „vor", und wenn der Mensch es geistig durchlebt, erkennt er das Wesen des Leidens und weiß um die Möglichkeit seiner Überwindung durch die „Auferstehung", die Geistwerdung der Seele. Weiterhin heißt es, dass „die symbolische Figur", welche die Mitte ausmacht, durch ein Wort bzw. einen Namen vorgestellt wird. Der Name, das Wesen des Heiligen, vergeistigt und klärt zugleich die Weltmitte, das Weltgeheimnis (Christus). Mit Christus als dem „Wort", dem johanneischen LOGOS, erfolgt die entscheidende Hinwendung zum Geist, zum Leben aus dem Geist.

Durch Christus gehen

Das **Leben aus dem Geist** beschäftigte auch weiterhin meine Seele, so dass einige Zeit später in einem Traumgeschehen die Christus-Thematik weitergesponnen wurde.

Ich bin in der Welt viel beschäftigt ebenso wie meine Mutter aus einem vorherigen Leben. Sie ist sehr damit befasst, für andere Menschen zu sorgen. Aber einmal legt sie sich müde zu mir aufs Bett, und ich sehe, wie sich langsam eine Wandlung in einen Engel vollzieht. Als sie wieder voller Kraft und Energie ist, steht sie auf, und ich stehe vor ihr, um ihren Segen zu erhalten. Und dann sagt sie zu mir, ohne zu sprechen, denn ihre Mitteilung nehme ich wortlos durch den Geist auf: „Gehe durch Christus" - und es ist ein wenig, als ginge ich durch ein Tor, - „seinen Kreuzweg der sieben Leiden!" Und ich ahne, sie beschreibt damit meinen Weg durch die Welt und dass ich mich nach seinem Vorbild richten soll.

Ich dachte über diesen Traum viel nach. Die „Mutter" deutet auf die Ebene des Herzens im Vollzug des Liebens. Die beiden Aspekte bezeichnen solchermaßen das irdische und das Höhere Selbst und die Umwandlung bezieht sich auf die Vervollkommnung des Menschen im Lieben und im Sein, die auch die **Menschwerdung Christi im Selbst** genannt wird. Ihr Telos ist: die Lichtgestalt des Herzens, den neuen oder kosmischen Menschen zu manifestieren. Die Aufforderung durch Christus zu gehen, deutet sich als Gang durch „ein Tor" an. Christus wird auch symbolisch als „Tor der Wahrheit" bezeichnet, so dass der „Gang" gleichsam „gelebter Weg", gelebtes Symbol ist. „Christi Kreuzweg der sieben Leiden" heißt er, weil sich das innere Licht, das Seelenlicht, an den sieben Chakren - als den Erkenntnisbereichen - auseinanderfaltet, so dass diese Entwicklungsstufen der Seele manifestieren, die je nach Blockaden der Chakren mit entsprechenden Prüfungen verbunden sind. Der Weg bedeutet auch, das Irdische zu durchleben, aber das Leiden als seinem Wesen nach Vergängliches (karmisch als Auszugleichendes) zu begreifen, an dessen Ende - im Sinne der Vollendung - der neue Mensch steht.

Das „Zeitbild" des großen Geistes

Dieser Gedanke findet auch Anwendung auf die Geschichte. Mein innerer Lehrer, der Geistselbst-Aspekt aus dem männlichen Lieben, brachte mir dies durch Traumeindrücke in der Sprache der Hölderlinschen „Friedensfeier" nahe, dieses wunderbaren „vaterländischen Gesanges" eines Sängers, der selbst das „Lied" in der Vollendung gestaltete.

So träumte mir also von Deutschland, der Geschichte und dem Logos, dem Wort, das Christus ist. Es ging um das „Zeitbild", das der große Geist der Welt entwirft und von dem er selbst „verschönt" einst in der Vollendung in aller Herrlichkeit hervortritt.

Nicht nur das Selbst des Menschen, sondern auch die Natur und die Geschichte, das „Zeitbild, das der große Geist entfaltet", sind vom Logos, der Ewigen Liebe bzw. dem SINN (Christus als dem Heiligen Geist) durchwaltet, so dass dieser **kosmische Christus „am Ende"** - in der Vollendung der Zeiten - davon selbst „verschönt" **in aller Herrlichkeit hervortritt.** Dass der Logos auch das göttliche Wort ist, das sich durch die Welt bzw. den Menschen selbst zur Erscheinung bringt, weist noch einmal ganz besonders auf die Thematik des „Liedes", des kosmischen „Gesanges", den der Mensch - bzw. die Erde - am Ende selber **ist**, wie Hölderlin sagt.

Künstlerische Existenzform und „Lied"

Ein anderes Mal wurde ich durch einen Traum im Hinblick auf meine eigene Lebensaufgabe wieder auf das „Lied" gestoßen. Solche Träume erwiesen sich als Impulsgeber für das sich daran anschließende Sinnen und brachten mich weiter in der Erkenntnis dieser allumfassenden Thematik des „Liedes".

Ich bin mit Yoshiharu und seiner Frau zusammen. Sie befinden sich aber nicht in diesem, sondern in einem späteren Leben, das sie in ziemlicher Armut als künstlerisches Leben führen. Das, was sie in diesem Leben „versäumt" bzw. nicht erreicht haben, nämlich eine künstlerische Existenzform, welche der Selbst-Entfaltung den Vorrang vor dem Ökonomischen gäbe, ist nun alles da.

Beim Aufwachen erkannte ich die unmittelbare Bedeutung dieser Thematik für mein eigenes Leben: Ich muss schreiben und sinnen und so **dem schöpferischen Geist zur Gestaltung verhelfen**. In vollem Gewahrsam an der Bewusstwerdung der Ewigen Liebe in der Welt teilhaben, welche Schönheit, welch ausgefülltes Leben! Das Leben ist ein einziger Geistzusammenhang und wird ein einziger LOGOS. Ich möchte niemals mehr gegen den schöpferischen Geist der Liebe bewusst verstoßen und die Liebe so in mich eingehen lassen, dass ich auch unbewusst dagegen nicht mehr verstoßen kann. Die Menschen sind Personen nur in ihrer zeitlichen Gestalt. Jede Seele bzw. jeder Geist hat seine Bestimmung und zusammen machen sie einmal den großen **Chor der Geister** aus, der die Ewige Liebe, die göttliche Weisheit verherrlichen wird. Und jede Seele - als Geschöpf in der Zeit - durchläuft gleichsam die Stufen des Erkennens des Göttlichen. So befinden sich die Menschen auf unterschiedlichen Stufen in der Bewusstwerdung des Göttlichen. Der Sprachwerdeprozess der Ewigen Liebe ist ein Sich-selbst-Aussprechen des Schöpferischen Geistes - als Gestaltetes in der Natur und als Wort im Geist des Menschen. Er ist das himmlische LIED, von dem der Dichter spricht.

Empfangs-Erfahrung in einer anderen Dimension

Dass dieses „Lied", diese Bewusstwerdung des Göttlichen, auch andere Dimensionen und Welten mit einbezieht und wir alle gemeinsam daran mitwirken, scheint einleuchtend. Aber dass das energetische „Empfangen" in einer anderen Dimension auch mit Schwierigkeiten verbunden sein kann, erfuhr ich einmal mehr an meinem eigenen Lichtleib.

Ich befinde mich mit anderen Menschen bzw. ihren Selbsten - unter ihnen auch Pablo - zusammen auf einem großen Balkon. Plötzlich kommen Menschen bzw. Wesen aus einer anderen Welt bzw. von einem anderen Planeten durch die Luft zu uns geflogen. Ich sage sofort, da ich diese Weise des Fliegens wiedererkenne, so sei ich im Traum auch schon einmal geflogen. Da werde ich von den Wesen belehrt, dass dies kein Traum gewesen sei.

Nun werden wir von ihnen mitgenommen. Wir bewegen uns einfach so durch den Raum in einer Art Gefährt. Und da ich weiß, dass wir nun in eine andere Welt bzw. Dimension gehen, bemerke ich laut, dass ich etwas Angst habe vor dem Abenteuer. Ich überwinde aber meine Angst, da meine Neugier auf die Erkenntnis anderer Welten bei weitem überwiegt. Wir gelangen an einen Ort, wo es ähnlich wie zu Hause ist: Wir sind in einer Wohnung und um uns die Wesen des anderen Planeten, die uns unterrichten sollen. Als wir uns in einem Zimmer mit Fernseher befinden, wird dieser angestellt, und ich merke bald, dass es darum geht, von dort zu „empfangen". Zu einem sagt man, er müsse eigentlich etwas mitbekommen, er müsse doch „reagieren". Da spüre ich plötzlich oben im Nacken - an der Stelle, wo ich immer Verspannungen habe - einen starken Schmerz und ich höre ein sehr lautes Geräusch. Mit einem Mal schüttelt es mich ganz durch, so als sei eine „elektrische Verbindung" hergestellt, die aber zu stark auf meine Leitung einwirkt. Ich reagiere ungeheuer heftig, offenbar viel zu heftig, so als ob ich zu solchem Empfang noch nicht genug vorbereitet sei. Man kommt sofort zu mir und gibt mir den Befehl „Aufwachen!", so wie man es vielleicht bei jemandem nach der Narkose tut. Der Befehl wird mehrmals wiederholt, und ich merke, wie ich etwas Mühe habe, dann aber wirklich aufwache.

Nach dem Aufwachen war ich zunächst noch ziemlich benommen. Als ich mehr und mehr zu mir kam, war ich sehr erstaunt über das, was da vor sich gegangen war und ich suchte langsam dessen Sinn zu begreifen.

Bei den Wesen aus der höheren Welt handelt es sich offenbar um Aspekte aus der Geistselbst-Ebene. Der „Balkon" weist darauf, dass das Ausschauen von einer höheren Bewusstseinsebene aus geschieht bzw. das Gewahrsam auf das Licht und das Lichtende gerichtet ist. Die erste Belehrung, dass mein „früheres Fliegen" nicht als Traum geschehen sei, besagt, dass das Sinnen des Herzens auf der Geistselbst-Ebene bzw. in der Kausalsphäre Wirklichkeitserfahrung ist und nicht dem Wesen eines Traumes als etwas Vergänglichem entspricht. Der Unterricht mit dem „Fernseher" als das **Empfangen einer „fernen Sendung"** vermittelt, dass es sich um höher schwingende Energie handelt, die das Herz empfangen soll. Diese Energie wirkt aber auf mich zu stark. Anscheinend ist mein Herz zu diesem Zeitpunkt noch nicht genügend zum Empfang dieser Bewusstseinsqualität bereitet, welche den Geist als Mitschöpfertum betrifft. Da die Gefahr einer „Spaltung" (Nichtvereinigung) des Bewusstseins besteht, wenn das irdische Selbst die Vereinigung bzw. Integration solch hoher Energien nicht vollziehen kann, werde ich auf der Stelle zum „Aufwachen" genötigt. Ich habe etwas Mühe, in die irdische Bewusstseinssphäre zurückzufinden, da das „Herunterschalten" des Pneumaleibes (des sinnenden Herzens) sich offenbar nur schwer so schnell vollzieht. Damit es nicht zu solch „unzeitigem Wachstum" (Hölderlin) kommt, ist es offensichtlich nötig, sich durch die Zeit bzw. das Leben hindurch zum Empfangen der höheren Erkenntnisse und Weisheiten „zu bereiten".

Die Reise durch das Selbst

Ich hatte schon verstanden, dass die Menschen sich auf unterschiedlichen Stufen in der Bewusstwerdung des Göttlichen bzw. in der Geistwerdung der Seele befinden, aber in einer Nacht wurde mir in einem luziden Traum eine Reise durch das Selbst zuteil, eine **Reise in die unterschiedlichen Sphären des sinnenden Herzens**, bei der ich mehrere Erkenntnisebenen nacheinander durchlebte. Es war ein überwältigendes Erlebnis von ungeheurer Intensität, durch das ich viel über die Gesetzlichkeiten der anderen Dimensionen erfuhr, ein einziges Feld wunderbarer Erfahrungen und höheren Lernens.

Aber die Reise durch das Selbst begann ziemlich schlimm. Am Anfang stand gleichsam eine **Reise durch die „Bilder"**. Ich meine damit die Selbsttäuschungen, die negativen Gedanken, falschen Meinungen, die Projektionen. Ich empfand diese Bilder als täuschende Wesen:

Ich gleite im wahrsten Sinne des Wortes hinab in eine Welt falscher Vorstellungen. Ich gleite bäuchlings durch dunkle Gänge und breite Flure, auf denen mir überall seltsame Bilder den Weg versperren. Es ist wie ein Labyrinth. Hier kann ich nicht weiter, dort zeigt mir eine Pfeilhand eine Richtung, aber ich komme nirgendwo an, sondern stoße immer wieder auf andere Bilder. Eine Freundin erscheint mir zwischendurch - sie kommt mir vor wie „verzerrt" - wie ein kleines schreiendes Kind. Ich habe genug von diesen Selbst-Täuschungen. Wütend schreie ich: „Ich will keine Bilder mehr" und stapfe rückwärts eine stoppende Rolltreppe nach oben, eine Rolltreppe, die eben eigentlich hinab führt. Als ich nach oben gehe, bin ich selbst verwundert darüber, dass die Rolltreppe einfach angehalten hat und dass ich so ohne weiteres zurückgehen kann.

Kurz nach meinem Ausruf „Ich will keine Bilder mehr" wachte ich auch sofort auf. In meinem Zimmer war es voll von Stimmen. Die Anwesenheit der „Geisterwesen" manifestierte sich auch durch Bewegungen im Zimmer, Geräusche hier und dort und durch kleine aufscheinende Lichter vor meinen Augen. Unwillkürlich dachte ich an die Versuchungen des heiligen Antonius und auch an die „täuschenden Geister", die im „Tibetanischen Totenbuch" beim Durchgang zu den anderen Welten beschrieben sind. Zunächst versuchte ich, meine Chakren durch entsprechende Handzeichen zu schließen. Außerdem schlug ich das Kreuzzeichen und rief Christus um Hilfe an. Aber mir war irgendwie bewusst, dass die tauschenden Geister meine eigenen Fehleinstellungen waren bzw. damit zusammenhingen. Ich versuchte mich zu beruhigen und mit meinen guten Geistern bzw. höheren Bewusstseinsaspekten Kontakt aufzunehmen. Zugleich war mein Kopf bleischwer vor Müdigkeit und ich vertrieb den angstvollen Gedanken, dass ich unbedingt Schlaf brauchte, da ich doch am nächsten Tag ein volles Arbeitsprogramm hatte. Meine guten Geister schienen mir von innen her beizustehen, denn unwillkürlich kreuzte ich die Arme über der Brust, bevor ich einschlief. Ich wusste, die Reise würde weitergehen. Und ich war neugierig auf die weiteren

Selbst-Erkenntnisse. Ich schlief wieder ein, und in der Tat ging die Reise weiter:

Aber hier ist es nun ruhiger und ungestört kann ich die neue Welt erfahren. Beim Eintritt in diese Zeit- bzw. Bewusstseinsstufe begegne ich einer Menge Japaner. Unter ihnen ist auch Suyito-san, mein früherer Chef, und wir erkennen uns sofort wieder. Dieses Wiedererkennen ist sehr schön, aber es geschieht in Reife, möchte ich sagen. Es ist nichts Gefühlvolles, Stürmisches dabei, als ob das Emotionale - im menschlichen Sinne - überwunden ist. Hier hat jeder seine Aufgabe. Jeder ist „beschäftigt", aber hierunter ist nicht eine Beschäftigung, wie die Irdischen sie betreiben, kein Sich-herumtreiben-lassen, das einem vom Wichtigen abhält, zu verstehen. Dieses „Beschäftigtsein" meint **die Aufgabe eines jeden am großen Werk der Erkenntnis des Wahren.** Alles ist voll Sinn hier, und das Gesetz, dem alle - oder fast alle - gehorchen, ist ein freiwilliges Entsprechen, dem keinerlei irdisches Urteilen oder Abwägen beigemischt ist. Suyito-san hat nicht seine Gestalt, wie ich sie von früher kenne, sondern er ist viel jünger und trägt einen Schnurrbart. Ich frage ihn, weshalb er nicht seine alte Gestalt hat und bekomme auch sogleich eine Antwort darauf, an die ich mich jedoch nicht genau erinnere. Es ist dem Sinne nach so etwas wie: Er hätte seine eigentliche oder bleibende Gestalt. Jede Frage, die man hier „stellt" bzw. die in einem hochsteigt, wird auch wahrheitsgemäß beantwortet. Und zudem verstehen sich alle. Ich spreche in Deutsch mit den Japanern und sie antworten mir ebenso selbstverständlich in Deutsch. Irgendwie scheint eine Sprache hier im Sein zu herrschen und jeder versteht jeden. Ich durchwandere diesen Raum weiter. Es begegnen mir Menschen aller Art und Couleur. Manche sind unter ihnen, die lange weiße Gewänder tragen, so als wären sie aus der Antike oder einer früheren Zeit. Es scheinen besonders weise Männer zu sein, vielleicht **Weisheitspriester**, die gemäß ihrer Aufgabe lehren. Als ich so weitergehe, scheint mich etwas an etwas zu erinnern. Ich weiß nicht genau, was es ist, aber eine Klage will in mir hochsteigen bezüglich eines Punktes in meinem menschlichen Schicksal, eine Klage, begleitet von Selbstmitleid. Ich will weinen und unglücklich sein, aber das hält nur einen ganz kurzen Augenblick an und sofort erkenne ich, wie kindlich-dumm das ist. Es ist wie ein kurzer „Rückfall", der nur ein paar Sekunden dauert. Ich gelange zu einer Gruppe, der ein grauhaariger Mann vorsteht. In meiner Erinnerung erscheint er mir ein bisschen wie ein Arzt, der mich „untersucht". Er macht aber nichts mit bzw. an mir. Er erklärt den anderen: „Das ist sehr seltsam. Sie kommt von alleine. Es hat sie keiner zu mir geschickt. Aber sie ist noch ziemlich wirr/ verwirrt, sie ist noch nicht ganz klar." Und trotzdem bin ich mitten unter ihnen. Das ist wunderschön.

Einmal treffe ich auf eine Portugiesin, die im Leben einmal sehr freundlich zu mir war, und ich freue mich, sie und die portugiesische Kultur hier wiederzufinden.

Ein anderes Mal sehe ich eine Mutter mit ihrem Kind, die mir erklärt, das Kind sei zugleich ihre Schwester. **Gesetze der Reinkarnation** werden mir eröffnet. Später höre ich eine andere Frau murren und sich mit schlechter Laune beklagen und widersetzen. Ihre Schwester - alle scheinen dort Brüder und Schwestern zu sein - sagt zu einer anderen Frau: „Sie muss **nach Atlantis zurück** zum Lernen." Ich bin erstaunt über diese Rede und frage: „Gibt es denn wirklich Atlantis?" „Ja", sagt sie, „aber das ist ganz weit zurück." Anscheinend gehört die Murrende bewusstseinsmäßig nicht hierher bzw. ist durch ihr unangepasstes Verhalten in eine frühere Bewusstseinsstufe zurückgefallen. Also muss sie ganz weit zurück, um zu lernen.

Später schaue ich ein sehr schönes Bild von Gauguin an, das einen gelben Christus darstellt. Ich freue mich unendlich, es wiederzuerkennen. Ich bin gerührt, ich präge mir ein, dass ich mich im Leben an schöne und geistige Dinge halten muss. Dann habe ich im nächsten Leben den **Trieb zum Schönen und Geistigen** in mir, und es ist mehr als wahrscheinlich, dass ich es dann auch (auf)-suchen werde. Ich denke auch, dass ich noch mehr in Kunstausstellungen gehen sollte, um einen noch stärkeren Bezug zur bildenden Kunst zu bekommen.

Als ich immer weitergehe, begegnet mir plötzlich **mein inneres Kind**. Es nimmt mich an die Hand. Es hat sein Krönchen nicht mehr auf dem Kopf - eine Frisur, wie ich sie als kleines Kind trug -, aber es hält mich liebevoll an der Hand, und dann kommt es auf meinen Arm. Ich bin so glücklich wie nie. Ich fühle wirklich und wahrhaftig, wie die ganze Liebe, die ich in meinem Leben hatte zu allem, was Kind ist - auch Trauer über die nicht vorhandenen eigenen Kinder - in mir hochsteigt. Ich bin von dem Gefühl innigster Liebe und unsäglicher Freude zutiefst durchdrungen. Tränen rollen über meine Wangen und ich wache auf. Und eine innere Stimmt sagt: „So, das war's". Und wirkliche Tränen liefen mir über das Gesicht und ich war zutiefst glücklich. Es war das größte Geschenk, das mir je zuteil wurde.

Aber dann schlief ich noch einmal ein und in einer kurzen erneuten Reise gelange ich auf eine Art **Aussichtsplattform** oder Balustrade. Der Himmel ist sehr klar und rein und unter uns scheint das Meer zu liegen. Eine Menge Menschen gehen hier herum. Auch Männer in weißen langen Tuniken, die wie lehrende **Priester aus der Antike** aussehen, gehen zwischen ihnen umher. Die Schönheit wird überall sichtbar. Auf der linken Seite der uns umgebenden Mauer befindet sich eine Art Aussichtsturm. Ich gehe auf die Balustrade und **halte Ausschau nach meinem Liebsten**. Ich bin jedoch nicht sicher, ob es Bert ist, nach dem ich schaue. Aber ich sehe den Liebsten noch nicht. Als ich auf die Uhr schaue, ist es 11 Uhr. Ich denke an den Liebsten, aber nicht mit Dunkelheit oder Trauer oder mit Gram. Es ist weiterhin hell in mir. Ich gehe ruhig zu den anderen zurück.

Aus diesem die Gesamtproblematik quasi entfaltenden Traumgeschehen lassen sich die unterschiedlichen **Bewusstseinsebenen des Göttlichen** noch einmal herauskristallisieren. Ich möchte dies zur besseren Übersicht **zusammenfassend darzustellen**:

Jede dieser **Bewusstseinsebenen** bzw. **Bewusstseinsqualitäten** entwirft gleichsam den ihr eigenen „Raum": mit anderen Worten, „Raum" ist nichts anderes als göttliche Bewusstheit bzw. Ewigkeit. Das **irdische Leben** bildet den irdischen Bewusstseinsraum oder den des Seins. Hier wirkt die allem Leben innewohnende göttliche Schöpferkraft als **Liebe zum Leben**. Dieses sinnliche Leben ist an die irdischen Sinne gebunden und ist daher Täuschungen und Irrtümern ausgesetzt, ist eine Welt der „Bilder" (Vorbzw. Ver-stellungen) und Projektionen. Die niederen Schwingungen des Negativen setzen sich in der Aura des Träumers fest. Sie werden hier als „täuschende Geistwesen" wahrgenommen. Das bedeutet, dass der Träumer die Projektionen des Anderen im Selbst durchlebt, die er unbewusst durch negative, die Wahrheit verfälschende Gedanken und Gefühle mit auslöste. Erst durch die Aktivierung des Pneumaleibes können die Projektionen bewusst gemacht und gesteuert werden.

Das kosmische Bewusstsein oder das **SELBST** macht den HERZ-Raum aus als unendliches Leben bzw. als **kosmischen Seinszusammenhang**. Hier herrschen kosmische Seinsgesetzlichkeiten vor, wie z.B. das „Entsprechen", das auch als Resonanzwirkung bekannt ist. Es stellt als Prinzip das Lieben dar, das auf Anziehung und nicht - wie in der sinnlich-polaren Welt - auch auf Abstoßung beruht. Die Verständigung erfolgt in dieser Sphäre des Mentalen über die eine Sprache des sinnenden Herzens in einer Art telepathischem Vorgang. Gesetze der Reinkarnation und der Klärung bzw. „Reinigung der Seele" - des karmischen Ausgleichs - werden mitgeteilt und alle in dieser Seinsebene aktiven Geister bzw. Aspekte arbeiten in einem zielgerichteten bewussten Wirken am „großen Werk der Erkenntnis des Wahren".

Das **spirituelle Bewusstsein** macht als SINN oder LO-GOS den **Bewusstseinsraum des LIEDES** bzw. Mitschöpfertums aus. Letzteres bezieht sich auf die „Planung" des Schöpfungs- und Schicksalszusammenhanges. Auf der Ebene des Höheren Selbst wird die **Schönheit** als **Grund in allem Seienden** erkannt. Durch die Aktivierung, das Wirken des Grundes, manifestiert sich diese Schönheit zum einen in der „Begegnung mit dem inneren Kind", die gleichsam ein Erkennen/Lieben des eigenen Ursprungs ist. Das „innere Kind" ist die Liebe des Selbst, die göttliche Liebe zum Menschen. Als Symbol repräsentiert es die Ebene des Höheren Selbst. Seine Liebe und sein Erkennen bewirken „innigste Liebe und tiefste Freude", so dass mir die Begegnung als „das größte Geschenk" erscheint, „das mir je zuteil wurde". Der Schöpfungsgrund ist Göttliches/Ewiges, das sich auf allen Ebenen des Seins widerspiegelt. In der „Wiederbringung", der Geistwerdung der Seele, werden die Bewusstseine, die ursprünglich dem Höheren Selbst angehör(t)en und nun als eine „Seelenfamilie" bzw. sich in diesem Werk unterstützende Co-Selbste fungieren, mit dem göttlichen Schöpfungsgrund wiedervereinigt.

Der letzte Traumteil gewährt mit dem „Blick von der alles überschauenden Aussichtsplattform" einen kleinen **Einblick in den Bewusstseinsraum des Liedes** als Planungsinstanz des Schicksalszusammenhanges. Auch hier ist die **Schönheit** wieder von besonderer Bedeutung. In der „Begegnung mit den lehrenden Priestern" aus der Antike beleuchtet sie den geistigen Raum, um den es geht. Das Kommen des „Liebsten", - der **spirituelle Aspekt aus dem männlichen Selbst oder dem Anderen im Selbst** - ist noch in der „Vorbereitungszeit", denn es ist erst „11 Uhr", während die 12. Stunde die Zeit der Erfüllung ist. Damit ist die Zeit bzw. der Bewusstseinsraum der Manifestation gemeint, in dem Innen und Außen sich entsprechen. Die „Ankunft des Liebsten" ist gleichsam „zurückschauende Vorausschau". Denn die Aktivierung der „lehrenden Priester aus der Antike", der **spirituellen Lehrer aus früheren Zeiten** oder Bewusstseinsräumen führt dazu, dass dieser Aspekt sich einige Monate später in meinem Leben - in der Begegnung mit meinem spirituellen Partner Joscha - manifestieren kann. Unser gemeinsames Wirken auf dem Hintergrund der platonischen Ideenlehre und der Bedeutung des Eros als dem Zeugen im Schönen ebenso wie unsere Arbeit am Wort im Sinne des johanneischen Logos bleibt auf diese Bewusstseinsebene bezogen, in welcher schließlich die „Vereinigung der Liebenden" als männliches Selbst (Geist) und weibliches Selbst (Liebe) in Form einer Verschmelzung im Höheren Selbst stattfindet.

Du siehst, lieber Leser, ich wurde, während ich in meinen schauenden Erinnerungen im Schwingungsfeld des Liedes weiterwanderte, schließlich auf die Liebe zurückverwiesen: eine Liebe, die das A und O und der tragende Grund jeder wahrhaft geistigen Bewegung ist.

VII. Auf der Ebene des Sohnes

In diesem Sinne nahm ich meinen Weg wieder auf, bis ich auf eine sich weit ins Land erstreckende Hochebene gelangte. Man schaute von allen Seiten auf die darunter liegenden fruchtbaren Täler hinab und auf den großen Fluss, an dessen Ufer sich im Laufe der Zeit kleine Dörfer und Städte angesiedelt hatten. Auch auf der Hochebene befanden sich Ansiedlungen. Ich wusste nicht so recht, wohin ich mich wenden sollte, also beschloss ich in das Haus zu gehen, das mir am nächsten auf der rechten Seite des kleinen Feldweges lag. Als ich in ein geräumiges Zimmer eintrat, bot sich mir ein recht vertrautes, aber mich dennoch befremdendes Bild.

Die angedachte Schwangerschaft

Ich entdecke an einem quadratischen Tisch, dessen Ecken abgerundet sind, meinen Liebsten Bert. Er hat aber eine andere Gestalt als der Bert, den ich aus meiner Wirklichkeit kenne. Er sieht ausnehmend schön, männlich und auch jünger aus. Er bittet mich, ihm gegenüber Platz zu nehmen. Bert zur rechten sitzt schon eine Frau und ihr gegenüber ein anderer Mann. Die Frau scheint eigentlich zu Bert zu gehören, aber schnell wird mir klar, dass wir uns hier in einer Art von Gemeinschaft befinden, die keine falschen Gefühle aufkommen lässt. Es ist gleichsam so, als hätte eine Verdoppelung der irdischen Wesenheit auf ein Geistiges hin stattgefunden. So küsst mich nun mein

Gegenüber herzlich und liebevoll auf den Mund und schlägt vor, wenn ich ein Kind von ihm wolle, so könne er „mir schon eines machen". Ich freue mich sehr, gebe aber zu bedenken, dass ich demnächst eine Prüfung ablegen muss und dass dies wohl besser so kurz vor dem Examen nicht geschehen solle. Da fragt er mich erstaunt lachend, ob ich denn an nur neun Monate Schwangerschaft gedacht habe. Etwas länger würde es schon dauern bis zur Geburt. Wir lachen beide und ich bin sehr zufrieden.

Leicht ist zu erkennen, dass das Kind, um das es hier geht, wohl kaum ein leibliches sein kann. Auch die anwesenden Personen sind nicht eigentlich irdischer Art, sondern bilden das Herz und die Seele ab, deren Lieben in Wandlung begriffen ist. Während das männliche Lieben dem Christusgeist im Sinn eines kosmischen Herzens zugeneigt ist, zielt das weibliche Lieben auf ein evolutionär höheres Leben ab. Die Frucht der Verbindung von Liebe und Geist darf man freilich „Sohn" nennen. Dieser „Sohn" bezieht sich auf ein **Leben in der Wahrheit des Göttlichen**, welches kosmisch die fünfte Dimension und individuell das Leben des Höheren Selbst meint.

Später beim Wandern dachte ich etwas ängstlich an die „bevorstehende Prüfung". Würde mein Herz ihr standhalten? Aber wer kann schon wissen, worin sie genau besteht. Als ich aufschaute, erblickte ich in einiger Entfernung ein altes Schloss. Beim Näherkommen stieß ich auf eine mich mittelalterlich anmutende Szenerie.

Der Tod und das Geisterschloss

Ich musste einen beschwerlichen, dunklen Weg nehmen, der an den Rändern mit Schutt allerlei Art vollgeschüttet war. Als ich gerade das Hoftor durchschreiten wollte, gesellten sich mein Mann und mein vier- bis fünfjähriger Sohn zu mir. Wir gingen gemeinsam in das halb verfallene Gebäude. Ich war unruhig. Ich konnte mich des quälenden Gedankens nicht erwehren, dass ich etwas Wichtiges vergessen hatte.

Das Schloss bestand aus riesigen Sälen, die uns kalt anstarrten. Etwas Unheimliches wohnte in diesen Mauern. Fremdartige Geister erschienen wie aus einem Zwischenreich und waren dann plötzlich wieder verschwunden. In einem der Säle sah ich wie in einem Film, wie Massen von ihnen in einem langen Zug ständig umherwanderten. Sie schienen für den Betrachter unsichtbaren schweren Leiden ausgesetzt. Angeführt wurden sie von einer höhnisch-bösartigen Gestalt, die einem Sensenmann glich. Angst packt mich, dass wir nun auch hier mitziehen müssen und ich frage den dunklen Anführer danach. Er raunt mir nur ein einziges Wort zu: „Später!" Das wirkt seltsam bedrohlich auf mich. Ich habe Angst mich in dem Schloss zu bewegen, denn in jeder Minute erwarte ich das „Ende".

Dies tritt jedoch nicht ein. Dafür ereignen sich aber höchst unerklärliche Zwischenfälle. Ich verstehe nicht wirklich, was vor sich geht. Ich kann es nur so beschreiben, dass Lebendiges auf einmal zu erstarren begann und sich in scheinbar leblose Materie verwandelte. Ein Baby, das ich auf dem Arm trage, wird plötzlich zu einer Puppe. Ich gebe die Schuld daran den hämisch-heimtückischen Geistern, die sich überall versteckt zu halten scheinen. Aber dabei bleibt es nicht. Alles, was wir anfassen, scheint die Fähigkeit zur Verwandlung in sich zu tragen. So wird auch umgekehrt leblose Materie plötzlich zu Lebendigem. Fratzenhaft lauert aus den Ecken alles Mögliche hervor. Grauen erfasst mich. Ich weiß mir keinen Rat mehr. Auch mein Sohn schreit dauernd vor Entsetzen auf und flieht von einer Ecke in die andere. Nur mein Mann bleibt ruhig. Er sitzt in einer Ecke und ist eifrig damit beschäftigt, das Böse zu vertreiben bzw. zu verhindern. Wie er das macht, weiß ich nicht, nur, dass er intensiv nachdenkt und auch ständig irgendetwas „tut".

Das war also die Prüfung, ging es mir später durch den Kopf, die Begegnung mit dem Tod und wie ich diese aufnehmen würde. (Ich hatte in der Tat kurz zuvor eine nicht erkannte Blinddarmperforation erlitten, an der ich fast gestorben wäre.) So lange das Fühlen von der Idee des Todes als Untergang gleichsam immer auf derselben Stelle im Kreis herumgeführt wird, zeigen sich „heimtückische Geister" aus der Astralsphäre, wird das Herz von dunklen Gedanken der Vergänglichkeit und der Sinnlosigkeit aus einer früheren Zeitstufe belagert. Aber statt des „Endes" manifestiert sich eine Möglichkeit der Verwandlung bei allem, was das Herz mit seinem Licht berührt. Während angstvolle Gefühle und Gedanken aufgrund der Schwingungsverminderung zu einer Erstarrung des Lebendigen - zu einer Substantialisierung des Geistes - führen, kann durch die Schwingungserhöhung der Freude „Totes" in

„Lebendiges" - Materie in Geist - verwandelt werden. Der „Sohn", der neue Seelenaspekt im Hinblick auf die Geistwerdung, ist blockiert. Aber „mein Mann" - das Licht oder der aktivierte Aspekt des Geistselbst bzw. des Christusbewusstseins - ist eifrig damit beschäftigt „das Böse zu vertreiben", durch **Bewusstmachung der Liebe** die Verhaftungen an **alte Gefühlsmuster aufzulösen**, damit der Prozess der Geistwerdung der Seele weiter fortschreiten kann.

Der Gaukler

Immer neue Stufen des Erkennens taten sich vor mir auf. Ich schritt weiter auf der Ebene des Sohnes und bald betrat ich in einem Haus einen Raum, wo ich verschiedene Menschen antraf.

Unter ihnen einen Mann, der mir zwar objektiv unbekannt, aber vom Lieben her sehr wohl bekannt ist. Er ist eine Art Gaukler. Wir erwarten einen feindlichen Angriff, und ehe wir uns noch entschlossen haben zu fliehen, ist es schon zu spät und die Feinde sind eingetroffen. Ich weiß nicht, ob es Menschen oder irgendwelche anderen Wesen sind. Es gilt jetzt, eine List zu finden, um die feindlichen Linien zu durchbrechen. Der Mann, der wohl eigentlich mein Seelenführer ist und dem ich mich auch bedenkenlos anschließe, bewirkt durch irgendeinen Zauber eine eigenartige Verwandlung, und zwar verbinden er und ich sich zu einem einzigen Wesen. Es ist ein seltsames Gefühl, wie wir zu einer Art Hermaphrodit zusammenwachsen. Durch

114

diese Veränderung für die Feinde unerkennbar geworden, können wir ihr Gebiet ohne weiteres passieren.

Als wir wieder bei den Unsrigen sind, müssen wir zur Berichterstattung vor eine Frau treten, eine Art Königin oder große Mutter. Ich bin „verkleidet" bzw. geschützt, verdeckt durch den großen Hut des Gauklers, der die Form einer liegenden Acht hat. Der Mann wird zur Rechenschaft gezogen, warum er seine Leute so schnell im Stich gelassen habe. Seine einzige Rechtfertigung besteht darin, dass er meine Identität preisgibt, aber ich befinde mich weiterhin unter seinem Schutz. Die große dunkle Frau scheint zwar etwas zu grollen, zeigt sich aber dadurch schließlich besänftigt. Und dann sagt sie dem Mann, dass er ja wohl offensichtlich jetzt alleine zurechtkommt, und sie gibt ihn frei, indem sie ihn von sich wegzustoßen scheint. Das löst zwar bei mir eine gewisse Beklemmung aus, die jedoch sogleich nachlässt, da ich weiß, dass der Mann eigentlich schon ein großer bekannter Dichter ist, von dem die ganze Geschichte, in der ich selbst aufgetreten bin, stammt und die ich jetzt als Theaterstück erlebe, über das ich sehr froh in Applaus ausbreche.

Du wirst dich fragen, lieber Leser, wer oder was der Gaukler ist, der solch eine Art von Verwandlung hervorzubringen imstande ist. Im Tarot, welches die Entwicklung der Seele symbolisch abbildet, ist der „Gaukler" oder „Magier" die erste Karte am Beginn des Geistwerdungsprozesses. Er enthält noch die Fülle aller Möglichkeiten in sich und ist in diesem Sinne als schöpferische Potenz zu verstehen, die sich nach außen gebiert. Das „Außen" im

Sinne eines unerkannten Anderen manifestiert sich hier als „Feind", dessen „Linie" zu durchbrechen ist, was die **Überwindung der Dualitätsgrenze** bedeutet. Durch die Liebe des Herzens zu dem Seelenführer - dem Geistselbst-Aspekt - vollzieht sich die Verwandlung in einen „Hermaphroditen", in ein „männlich-weibliches Wesen" (die Verschmelzung mit der Dualseele), das durch Fühlen und Erkennen geprägt ist. So können wir das „Feindesgebiet durchqueren". Man muss durch das „Andere" des Selbst, um zum Selbst des „Anderen" - dem kosmischen Herzen als Pneumaleib - zu gelangen. Dies betrifft die Ebene des Sohnes. Die Freisetzung des Dualseelenaspektes aus dem Lebensgrund bzw. dem Unbewussten, also dessen Bewusstwerdung, ist gebunden an die „Preisgabe meiner Identität". „Preisgegeben", losgelassen, wird die menschliche Gewohnheit, sich in einer festen Identität und nicht von einem Standpunkt jenseits der Trennung in Individuen, von einem Standpunkt **des mehrdimensionalen Geistes** her zu begreifen. Diese Bewusstwerdung hat zur Folge, dass sich das Selbst als irdisches Selbst - als Erlebende dieses „Theaterstückes", dieser Lebens- und Liebeserfahrung -, und in der Verschmelzung mit der Dualseele zugleich als Höheres oder Geistselbst, - als „Regisseur" oder Planer dessen - erfahren kann.

Es war seit meiner letzten Erfahrung eine ganze Menge Zeit verstrichen und ich hatte inzwischen einen vertrauten Umgang mit der Ebene des bewusst gewordenen Geistselbst-Aspektes. Ich nannte diesen „meinen Genius", „meinen inneren Lehrer" oder oft auch einfach nur „meinen guten Geist". Ich wusste, dass es sich um einen **Weis-**

heitsaspekt des Herzens handelte, und immer wenn ich mit ihm zusammen sinnen konnte, gewann ich wunderbare Erkenntnisse höherer Art, die auf das Wesen als die eigentliche Beschaffenheit oder Wahrheit der jeweiligen Welten und Dinge gerichtet waren. Besonders zielte mein Erkennenwollen auf den Prozess der Geistwerdung selbst, den ich oben als „Lied" beschreibe. Unterweisungen empfing ich inzwischen im Träumen und im Wachen, so dass mir das **Leben** nach und nach wie eine einzige **große wunderbare Lernerfahrung** vorkam.

Mehrdimensionalität und Erkenntnisvermögen

Eines Abends vor dem Einschlafen wollte ich gern mehr erfahren über die Dimension des Raumes und wie man ihn erkennen kann. Inspiriert worden war ich über die Figur der Makarie in Goethes „Wilhelm Meister", von der es heißt, sie sei über unser Sonnensystem hinaus geschritten. So träumte mir Folgendes:

Ich befinde mich in Urlaub. Zunächst ist es mir ein bisschen langweilig, doch dann treffe ich auf ein Mädchen, das, ähnlich wie Makarie, ein Erlebnis hat und sich dann aufmacht in den Raum, um seine „exzentrische Bahn" (Hölderlin), seinen Licht- oder Evolutionsweg zu vollziehen. Doch bevor dies geschieht, sehe ich - ich als ein anderes - in einer Vision eine Taube angeflogen kommen, und höre, dass es sich dabei um das „Innere" des Mädchens handelt.

Ich versuche nun deutlich zu machen, dass dies keine Halluzination ist, sondern ich erkläre plötzlich den ganz ahnungslosen Urlaubern **die Dimensionalität** im Zusammenhang mit dem **Erkenntnisvermögen des Menschen.** Meine Erklärung erfolgt durch Fragen und Antworten wie in einem sokratischen Dialog. Ich sage etwas zum dreidimensionalen Bewusstsein des Menschen, worauf ein Asiate deduziert, es sei eben wichtig, ob das Erkenntnisvermögen des Menschen an diese Dreidimensionalität gebunden ist, und er glaube, dass dies nicht der Fall sei.

Als ich kurz danach aufwachte und über die Erkenntnisstufen des Selbst bzw. des sinnenden Herzens nachdachte, stand mir plötzlich vor Augen, dass die **Mehrdimensionalität ein zu entwickelndes Programm der Menschwerdung** bzw. der Vervollkommnung des Menschen ist. Ich versprach, wenn meine Bestimmung sei, bewusst daran mitzuwirken, ich es mit ganzen Kräften versuchen wolle.

Dann schlief ich wieder ein und ich hatte den Eindruck, dass mir ein sehr großes Geheimnis geschehe. Ich sehe bzw. lese eine Inschrift, die besagt, **was** Christus ist. Ich bin voller Ehrfurcht und betrachte es als ein tiefes Mysterium, was ich dort erblicke.

Als ich mich morgens auf die Schrift besinnen wollte, wusste ich keinen genauen Inhalt, aber soviel, dass es dabei um Christus als Natur geht, um den pneumatischen Leib, die „unsichtbare Kirche" - diesen Leib, der insgesamt den „Leib Christi" bildet und das „kosmische Herz" bzw. den **Heiligen Geist** betrifft.

Wenn du wissen möchtest, lieber Leser, inwiefern diese Traumerkenntnis eine Antwort darstellt auf die zuvor gestellte Frage nach dem Raum, will ich dir dies wie folgt darzustellen versuchen: Sich aufmachen „in den Raum", um seinen Licht- oder Evolutionsweg zu vollziehen, bezieht sich auf die **Geisterfahrung** des **Höheren Selbst** als Raum. Das „Innere" des Mädchens wird nämlich als „Taube", - dem Symbol des Heiligen Geistes - also als **pneumatischer Raum** bzw. **Geistleib Gottes** versinnbildlicht. Die Sphären bzw. Dimensionen - Bewusstheiten - des Geistes bilden diesen Raum. Das Herz als Sinnendes kann aus dieser Erfahrung heraus deshalb plötzlich den Urlaubern „die Dimensionalität im Zusammenhang mit dem Erkenntnisvermögen des Menschen" erklären. Dass dies in „sokratischer Manier" durch Fragen und Antworten geschieht, entspricht der Lehrmethode der Geistselbst-Ebene, die sich je nach Funktion abwechselnd durch das irdische Bewusstsein oder durch die Geniusfunktion ausspricht. Da das Erkenntnisvermögen des Menschen nicht an seine Dreidimensionalität gebunden bleibt, stellt sich die **Mehrdimensionalität** als ein **zu entwickelndes Programm der Menschwerdung** (der Geistwerdung der Seelen) dar. Das sehend werdende Herz, welches das kosmische Empfangsfeld des Menschen bildet, ist der Weg bzw. die „Methode" dazu. Dieses „Programm" ist verbunden mit dem, „was Christus ist", mit Christus als Inhalt, als Geist der Botschaft: Mit dem **Licht des kosmischen Herzens**, das Christus ist als pneumatischer Leib bzw. „unsichtbare Kirche", die - da sie (noch) unsichtbar ist - ein „tiefes Mysterium" darstellt. Dieses Licht bildet die **Ebene des Sohnes**.

Meine Erkundigung auf der Ebene des Sohnes wollte weiter voranschreiten. Die Erkenntnisse aus den Bereichen dieses „Mysteriums" lassen sich niemals erzwingen oder durch intellektuellen Vorwitz hervorlocken, sondern sie offenbaren sich selbst aus dem Grund des Lebens. Sie sind **Geschenke des sich selbst offenbarenden göttlichen Geistes**. Als solche sollten sie geliebt und geehrt werden. Auch wenn sie sich dem nach äußeren Zielen ausgerichteten Ego verweigern, entbehren sie dennoch nicht eines höheren Telos, das sich in unterschiedlicher Symbolik aussprechen kann.

Alchemistisches Gold herstellen

Über die Alchemie ist viel spekuliert worden. Ihre Vertreter wurden oft gefürchtet, aber auch geächtet. Doch ging es den wahren Alchemisten und Verwandlern wirklich nur darum, aus unedlen Metallen Gold herzustellen? Ich glaube es kaum. Die symbolische Darstellung der alchemistischen Wandlungsstadien bezog sich tatsächlich zugleich auf etwas anderes, das von weit größerer Bedeutung ist.

Das „alchemistische Gold" ist die Weisheit, die „Weisheitsmaterie", sagte ich einst wissend im Traum. Es geht darum, die **„Weisheitsmaterie" im Menschen** herzustellen, und diese ist das **Pneuma**. Das Gefäß der Wandlung ist der Mensch selbst, sein Herz. Und er selbst wird gewandelt. Das Goldmachen der Alchemisten bedeutet, die Weisheitsmaterie im Menschen herzustellen, das Kind, den **Christus in uns** zu gebären.

Damit diese Transformation geschehen kann, muss **das Herz sehend werden**, was bedeutet, sich der Geistselbst-Ebene zu verbinden und aus der Intuition heraus zu erkennen. Die „Alchemisten" aus meinem Traum symbolisieren die schöpferische Energie als Bewusstheitskräfte, als Sinnen. Sie stellen aus der „prima materia", dem irdischen Lieben, göttliches Lieben her. Sie befreien oder „gebären" „das innere Kind" bzw. den Christus im Herzen. Das Herz dient gleichsam als „Krippe", als Ort der geistigen Neugeburt. So zeigte es mir ein anderes feinstoffliches Erleben.

Die kleine Kirche in den Bergen

Ich fahre - mir scheint fast so, als sei ich ein Kind - mit mehreren anderen, von denen ich nicht weiß, wer sie sind, durch verschiedene Gegenden. Wir kommen an einen kleinen Ort hoch in den Bergen, den ich gut kenne. Ich sage den anderen, ich sei schon viermal dort gewesen. Wir fahren durch den kleinen verschneiten Ort hoch oben zu einer Kapelle. Der Schnee deckt friedlich die schöne Landschaft. Es ist um die Weihnachtszeit. Alles sieht wie verzaubert aus, wie aus glitzernden Kristallen. In der kleinen Kirche angekommen, wende ich mich einer Krippe zu, die irgendwie einem Schaukasten gleicht. Ich möchte dort eine Figur des heiligen Josef erbringen. Ich halte die

Figur in meinen Händen. Sie ist so wunderschön geschnitzt, dass ich mich nicht entschließen kann, sie dort zu lassen. So nehme ich sie mit und bringe stattdessen eine kleine, eher unscheinbare Marienfigur dar.

In der Fokussierung des Bewusstseins auf das „innere Kind" durchlebt das Herz den - durch den „Berg" dargestellten - geistigen Aufstieg, den es aus vier früheren Inkarnationsstufen, in denen es bereits die Bewusstwerdung des Göttlichen vollzogen hat, kennt. Die „Weihnachtszeit" weist auf die Zeit der geistigen Wiedergeburt, und **Telos** (spirituelles Ziel) ist „die kleine Kirche", das Herz als „unsichtbare oder innere Kirche" bzw. **Leib des Ewigen** (als Pneumaleib). Die „Krippe", das Herz als Empfangendes, gleicht einem „Schaukasten", weil die Seele das im Herzen Leben gewordene Licht auf seine Urbild-Funktion, also unter dem Blickwinkel des Ewigen, (er)schaut. Dabei ergibt sich folgendes Bild: Das Traum-Ich will eine Figur des Heiligen Josef, des „göttlichen Mehrers", erbringen - „Josef" bedeutet „Gott möge mehren" -, aber stattdessen bringt es eine „kleine Marienfigur", sich selbst in der Rolle einer Liebenden ein. Der Aspekt „sinnendes Herz" bzw. Herzbewusstsein wird verdrängt von dem Aspekt „liebende Seele" bzw. Seelenbewusstsein.

Das **Seelenbewusstsein** ist ein **Denken der Seele**, welches die **Ebene des Sohnes** ausmacht. Es richtet sich nach anderen Zielen aus als das Denken unseres Verstandes. Erst wenn das irdische Denken ruht, ist das Herz in der Lage, symbolisch Dinge zu vollziehen, die mit dieser Ebene verknüpft sind. Nachdem du nun, lieber Leser, durch unsere Erkundigungen auf dieser „Hochebene" einen kleinen Einblick in die Qualität solcher Erlebnisse gewonnen hast - ganz abgesehen davon, dass du natürlich aus deinen eigenen Herzerfahrungen immer schon zu schöpfen vermagst und vielleicht noch viel wunderlicher Anmutendes erfährst als ich -, möchte ich dich bitten, mich noch ein Stücklein zu begleiten. Machen wir uns auf zu einem schmalen Weg, wo einem der Wind manchmal recht kalt um die Ohren pfeift und wo einem nicht gerade viele Wanderer oder Pilger begegnen. Halte dich nur dicht an meine Fersen und sei guten Mutes! Es wird schon alles seine Richtigkeit haben.

VIII. Der Weg der Freiheit

Hier betreten wir den Erkenntnisweg des **Selbst als Freiheit**. Er betrifft die spirituelle Bewusstmachung im Sinne einer Selbst-Ermächtigung bzw. die Stufen in der **Entwicklung zur geistigen Meisterschaft**. Das ist keine leichte Sache, wie du bald bemerken wirst. Und wie weit ich hier gekommen bin...? Wer mag das beurteilen?

Liebe in Frankreich

Die erste Station führt mich zunächst weit zurück in eine Ebene tiefen Empfindens. Ich bin irgendwo in Frankreich, gleichsam „dem Land meiner Seele". Ich lebe dort oder vielleicht bin ich auch nur vorübergehend dort.

Es geht um die **Bewusstwerdung** der göttlichen Liebe, des Lebens des kosmischen Herzens. Also bedarf es eines „Gegenübers", damit sich diese Liebe in mir bewusst werden kann. Dieser männliche Gegenpart trägt Züge von mir und ist zugleich ein Anderer, was ihn als **Aspekt der Dualseele** ausweist.

Ich treffe ihn in einer Art Kirche oder Schule, wo ältere Schüler unterrichtet werden. Er ist Sport- oder doch eher Religionslehrer? Er sieht keiner anderen mir bekannten Person ähnlich, dennoch habe ich das Gefühl, dass wir uns seit ewigen Zeiten kennen. Er spricht meine Sprache, das heißt Deutsch, aber mit einem seltsamen Akzent, der ihn als Juden ausweist. Auch sein Äußeres spricht dafür. Wenn wir in dieser Sprache sprechen, verstehen alle anderen uns nicht: Er spricht in Gleichnissen zu mir. Er sagt, ich sei der Mond und ähnliches, und ich bin darüber sehr glücklich. Wir sprechen **dieselbe Sprache** und wissen sofort, dass wir einander lieben und füreinander auserwählt sind. Wir küssen uns und sind dann sehr verlegen. Wir äußern unsere Angst vor dem Morgen und wissen nicht, wie man dort diese Liebe fortsetzen könnte.

In einer nächsten Szene bin ich in meinem Zimmer in Paris (aus meinem jetzigen Leben). Es besteht aber aus sehr vielen Fenstern, und alles ist transparent. Ich warte auf den Liebsten. Er kommt. Wir lieben uns, aber es ist eher ein gestörter Liebesakt. Während ich möchte, dass er mich richtig körperlich liebt, zögert er, weil er bezüglich der Folgen Bedenken hat. Er überlegt, ob er nicht gehen sollte, um Verhütungsmittel zu besorgen. Es endet in der unbe-friedigten körperlichen Liebe.

Da das Selbst sich symbolisch ausdrückt, sind die Dinge nicht nur das, was sie zu sein vorgeben. Der „Lehrer", der hier zugleich mein „Liebster" ist, zeigt - da beide Aspekte zusammen auftreten -, dass es um einen **Lernprozess im Lieben** geht. Dabei ist dem Herzen als Fühlen wohl nicht ganz klar, ob sich die Lehre auf den physischen Bereich oder den spirituellen Hintergrund bezieht oder vielleicht auf beide. Der „Lehrer/Liebste", Aspekt der männlichen Seite des Liebens bzw. des Selbst - der Dualseele -, ist dem Lieben der Seele „von jeher" bekannt. Auch dass er „ein Jude" ist und „in Gleichnissen" zu mir spricht und dass „wir eine Sprache sprechen" weist auf das **Herz als Kommunikationsebene**, in dem auch Christus mit seinem Lieben urständet. Das „Judentum" kennzeichnet diese „Bekanntheit" als den gemeinsamen Ursprung des Liebens in Christus. Auch Jesus Christus war als Mensch ein Jude und drückte sich in Gleichnissen aus, die auf eine Sym-bolebene verweisen, ebenso wie das kosmische Herz, das ja Christusgeist ist, und auch das Sinnen der Seele. Die Liebste wird als „der Mond" bezeichnet, das Ursymbol des Weiblichen. Damit wird auf den Grund, den ontischen Seelenbereich oder den Bereich des **Fühlens der Seele** verwiesen, in dem **„Liebster" und „Liebste" Eines** sind.

Die zweite Sequenz handelt von dem **Versuch der Um-setzung** dieser Liebe **in die Zeitlichkeit**. Das „Zimmer" als Erkenntnisbereich des Physischen, in dem das Be-wusstsein fokussiert ist, erhält sehr viel Licht aus dem

Seelengrund: „Es ist sehr hell" und „alles ist transparent".
Die Dinge werden nun langsam von ihrem Wesen her erkennbar. Während „die Liebste" - das Fühlen aus der damaligen Erkenntnisstufe des Selbst - die Liebe als sinnlichen Akt vollziehen möchte, kommen dem „Leh-
rer/Liebsten" - als Aspekt aus der Mentalebene, welche
den Geist als Erkenntnis betrifft - Bedenken wegen „der
Folgen": Wenn das Fühlen ans Irdische zurückgebunden
wird, können nämlich Verhaftungen im Irdischen entste-
hen, die Leiden und andere Bewusstseinszustände aus dem
Emotionalbereich der Seele mit sich bringen.

Darauf machte mich das folgende Traumerlebnis aufmerksam, das eine deutliche Warnung enthielt.

Die Verwandlung in ein diabolisches Wesen

Ich befinde mich irgendwo in Berts Nähe, in einem öffent-
lichen Gebäude. Es sind noch viele andere Leute dort, besonders Mädchen. Sie scheinen alle vorzugeben, Bert zu
lieben, aber ich will meine Liebe unter Beweis stellen. Ich
überzeuge Bert davon, dass ich mich „opfern" muss. Ich
weiß nicht, wie ich das klarmachte, ich erinnere mich jedenfalls nicht gesprochen zu haben. Zuerst stoße ich auf
Abwehr bei ihm, die aber später einer gewissen Begierde
weicht, „sich meiner zu bedienen". Zu diesem Zweck
muss er mir immer ins Gesicht schauen. Dies geschieht
auf eine eigentümliche Weise. Er scheint so etwas wie
einen Vorhang von meinem Gesicht wegzuschieben und

sagt dann, an meiner Stirn erscheine ein großes Auge, es sei nicht der rechte Zeitpunkt dafür.

Trotz meiner Ermunterungen, „es" zu tun, von dem ich nicht weiß, was es ist, wovor ich jedoch im Grunde starke Angst habe, tut er es nicht. Dieser Vorgang wiederholt sich. Eines Tages jedoch erklärt er mir, das Auge erscheine nicht auf meiner Stirn, und er wird ganz aufgeregt und begierig es zu tun. Ich erschrecke zutiefst, ermuntere ihn jedoch dazu. Ich denke noch, dass er es wohl kaum wagen wird, da hat sich aber ganz plötzlich ein Identitätswechsel vollzogen. Es ist nicht mehr Bert, sondern ein Mann mit feuerroten Haaren und funkelnden Augen, der vor mir steht und der bei mir sofort das Diabolische evoziert. Ich will schon protestieren, und bitte nur noch, alles meinem Mann zu erklären, da hat dieser furchtbare „Teufel" schon ein Ansauggerät oberhalb meiner Nase an der Stirn angesetzt, und ich fühle, wie mir das Blut aus dem Körper entweicht. Ich fühle mich schon ganz leer, aber es scheint auf mein Herzblut anzukommen. Ich bemerke einen stechenden Schmerz in meinem Herzen wie eine sehr große Sehnsucht. Ich bin mit Grauen erfüllt und wehre mich schon im Traum gegen den Traum.

Hier tritt nun also der Aspekt „Lehrer/Liebster" als „Bert" unter den Bedingungen von Zeit und Raum in Erscheinung. Dort ist er nicht mit dem Traum-Ich alleine, sondern es gibt noch viele „andere" - unbewusst gebliebene Aspekte -, vor allem „Mädchen" - Aspekte des weiblichen Selbst, aus dem Empfindungsbereich der Seele -, die alle vorgeben, Bert zu lieben. Um sein **Fühlen** als nicht Vergängliches, sondern **als Ewiges** zu erweisen, will sich das Traum-Ich nun „opfern", ohne dass ihm klar ist, was das bedeutet. Wie sich bald herausstellt - in der Gegenüberstellung mit dem „Schatten" bzw. der Ver-stelltheit dieses Aspektes - wird dem Herzen Äther bzw. Lebensenergie entzogen, wo die Kundalini, die Liebe zum Leben als schöpferische Kraft, sich nicht im Stirnchakra manifestiert. Die Kommunikation vollzieht sich nun **nicht mehr über das Schauen der Seele und die dazugehörige Sphäre,** sondern erfolgt aus dem **Emotionalbereich** der Seele. Es findet eine Bindung des Geistes bzw. der Bewusstheit an Aspekte aus der niederen Astralsphäre, wie z. B. Ängste unterschiedlicher Art (Verlustangst, Angst des Nichtanerkanntwerdens usw.), statt. Das kann mit karmischen Verstrickungen verbunden sein, „Folgen", die den obigen „Lehrer/Liebsten", den Dualseelen-Aspekt, zurückschrecken ließen. Statt der „Lösung", der Geistwerdung der Seele, erfolgt dann eine „Bindung", eine „Substantialisierung" des Geistes.

Mahnung zum Aufbruch

Damit die **Verhaftungen** nicht länger gelebt werden müssen, mahnte das Herz zum „Aufbruch", aber damals wurde ich oft „für die Reise" gar nicht fertig, weil ich mich „immer umziehen" musste. Die „Kleider" stellen Verhaftungen an Irdisches bzw. an falsche Muster und Vorstellungen (Projektionen) früherer Erkenntnisstufen des Selbst dar, die nun aufgelöst werden möchten. Dass sich diese „Auflösung" als Bewusstwerdungsprozess vollziehen würde, auch darauf wies ein kurzes, aber nachhaltiges Traumerlebnis hin.

Das große Buch

Ich sitze auf Berts Schoß. Wir halten uns in unserer alten Küche auf. Wir gehen ganz unbefangen miteinander um und sind voll tiefer Freude. Wir schauen zusammen in ein großes Buch und lesen darin. Zwischendurch herzen und küssen wir uns.

In der Geborgenheit dieser Dualseelen-Liebe und in der Umgebung der „alten Küche", die als Ort der Bereitung der notwendigen Erkenntnisse aufgefasst werden kann, lesen „Bert" und ich in dem „großen Buch" des Schicksals, das Reinkarnationsgesetzlichkeiten und andere kosmischen Zusammenhänge verzeichnet, und das ich mit Hilfe und unter dem Schutz des „Lehrer/Liebsten" zu entziffern lerne. Das bedeutet nichts anderes, als dass ich **mit Hilfe dieses aktivierten Geistselbst-Aspektes** lerne, die Symbolik des **kosmischen oder sinnenden Herzens**, der göttlichen Liebe, zu entschlüsseln.

Bald darauf konnte ich am eigenen Leib erfahren, dass dieser aktivierte Aspekt des Höheren Selbst auch als mein Schutzgeist fungierte. Ich war, ohne es zu wissen, zum ersten Mal in große Lebensgefahr geraten. Ich hatte - wie oben schon erwähnt - eine Blinddarmperforation erlitten, und aufgrund falscher ärztlicher Diagnosen wurde die absolut notwendige Operation hinausgezögert, so dass ich mich schließlich in einer sehr kritischen Lage befand. Dass ich überlebt habe, hielten einige Ärzte fast für ein „medizinisches Wunder". Etwa zehn Tage nach der schweren Operation träumte mir Folgendes, das ich sehr stark als geheime Botschaft empfand.

Die Botschaft der Gesetzestafel

Ich habe eine geschriebene Tafel vor Augen, die so etwas wie eine Gesetzestafel ist. Darauf steht eine Botschaft. Ich sage mir diese Botschaft laut vor. Sie ist sehr lang und ich will mir unbedingt jedes Wort merken, aber als ich am Morgen aufgewacht war, konnte ich mich nur an folgenden Wortlaut erinnern:

„Es ist ein Geheimnis, was geschah. Und jedes Geheimnis birgt einen Gott in sich".

Das kosmische Herz erscheint hier als „Gesetzestafel", da in ihm die Schicksalszusammenhänge „verzeichnet" sind, welche ja zugleich auf **Seinsgesetzen** beruhen. Das „Wunder", das geschehen ist, dass ich vom Tod errettet wurde, „ist ein Geheimnis, das einen Gott in sich birgt". Es ist dem Schutz meines Geistführers bzw. des Höheren Selbst zu verdanken. Der **inhärente Gott** ist die **tätig wirkende Idee von Liebe**, die Ewiges ist.

Dinge in eine Richtung bewegen können

Das irdische Denken ist sich in den meisten Fällen nicht bewusst, wie es mit dieser tätigen göttlichen Liebe verbunden ist bzw. wie es mit dieser Instanz in einen Wirkzusammenhang treten soll. Auch mir erging es so. Ich wusste damals noch so gut wie nichts über das **Fokussieren**, aber ein Traum erweckte meine Aufmerksamkeit.

Wie zufällig bemerke ich eines Tages, dass, wenn ich an ein Ding sehr stark denke, sich dieses zu bewegen beginnt. Ich mache das Experiment und finde nun heraus, dass es mir gelingt, durch starke Konzentration Dinge in die Richtung zu bewegen, in die ich sie haben will. Ich bin erstaunt, wie einfach das geht und über welche Kräfte ich verfüge. Ich erzähle dann meiner Freundin davon, und sie lacht - mit ihrer Silberglockenstimme - und scheint gar nicht sehr erstaunt. Ich denke noch, dass ich nun daran arbeiten muss, diese Energie richtig zu gebrauchen.

Was hier als kinästhetische Fähigkeit erscheint und die eigentliche Macht des Geistes offenbart, hängt auf der Schicksalsebene mit der Selbstermächtigung des Geistes im Hinblick auf die Kausalität, das Verhältnis von Ursache und Wirkung, zusammen. Die Art und Weise, wie ich an Dinge oder Ereignisse denke, die **innere Absicht**, hat eine Auswirkung auf ihre Manifestation in der Wirklichkeit. Nichts, was nicht zuvor im Innen war, kann mir im Außen erscheinen. Wenn ich aber meine Gedanken bewusst auf gewünschte Ereignisse in der Zukunft lenke, bestimme ich die Richtung, in die sie sich bewegen. Es wird damit zwar nicht festgelegt, dass sie sich genau so vollziehen, aber die **Bewegungsrichtung** - auf ein inhärentes Ziel - wird dadurch vorgegeben. Die vorhandene Fertigkeit bezieht sich mithin auf die Abrufung (Aktivierung) der Aspekte auf der Ebene der sinnenden Liebe.

Zwei Monde und eine Sonne

Während ich hier weiterwandere auf dem Weg der Freiheit, kann ich dir, lieber Leser, als nächste Station der geistigen bzw. spirituellen Bewusstwerdung aufzeigen, was sich **als erster Schritt der Fokussierung** vollzieht. Ich zeige es dir zunächst im Symbol, wie der Traum es tut.

Ich sehe in einer schönen Landschaft am Horizont den Vollmond über dem Meer schweben. Aber er ist nicht allein. Er hat einen Zwilling neben sich und erglänzt in froher Zweisamkeit. Gleichzeitig steigt auch noch langsam über dem Wasser die Sonne auf, so als sei sie gerade daraus aufgetaucht. Dieses Dreigestirn ist freilich nichts Alltägliches. Ich erfreue mich sehr an dem Anblick. Kurz darauf befinde ich mich selbst zu Schiff auf dem Meer. Eine frische Brise umweht mich und Pablo ist bei mir. Mir ist sehr wohl, und ich fühle mich ganz lebensfroh und voller Erwartung.

Der Mond steht, wie du weißt, als Symbol des „Weiblichen", des Fühlens. Der „Mond hat sich verdoppelt", bedeutet, dass das irdische Fühlen nun eine **geistige Selbstverdoppelung** bzw. eine Bewusstseinserweiterung auf die

Empfindung der Seele hin vollzogen hat: es hat seinen „Zwilling", seinen liebenden Gegenpart, im Astralischen erkannt. Das Lieben des Menschen hat seinen Bezugspunkt nun in der Seelenliebe gefunden. Der „Aufgang der Sonne" macht darauf aufmerksam, dass zugleich ein mentaler Aspekt aktiviert wurde, der sich auf die Bewusstwerdung dieser göttlichen Liebe im irdischen Denken bezieht.

Die Flügel der Schmetterlinge berühren

Das **Freiwerden dieser Liebe** - die schrittweise Annäherung an den göttlichen Geist als Wesen der Liebe - ruft tiefe **innere Freude** bzw. eine Empfindung des Glücks hervor, wie ich aus einem weiteren feinstofflichen Erleben erfuhr: Die „Schmetterlinge" - Symbole der Seelen - können „berührt", die **Seelenliebe**, ihre Schönheit und Zartheit, kann **durch das Herz aufgenommen werden**.

Ich bin mit meiner Mutter in einem Garten. Irgendetwas verwandelt sich plötzlich in ganz riesige, feingliedrige, hauchzarte Schmetterlinge. Wir staunen über so viel Schönheit und Zartheit. Ich berühre ganz leicht die Flügel, so dass die Tiere unter der Berührung sanft erzittern. Ich bin sehr glücklich, dass ich die Berührung vollziehen kann und sie nicht weggeflogen sind.

Ins Blaue fahren

Ein anderes Traumerlebnis vertieft die Erkenntnis der Empfindung dieses Frei- bzw. Bewusstwerdens.

Ich träume die Farbe Himmelblau, das heißt von einem Sommerhimmel, der strahlendes Blau ist. Das Blau ist gegenstandslos. Ich liege mit dem Rücken auf dem Boden und schaue in den Himmel. Mein Gefühl ist ganz Sanftheit geworden, so dass der junge Kollege, der neben mir sitzt, auch davon überflutet wird. Jemand sagt: „Wir wollen ins Blaue fahren!"

Das Lieben zeichnet sich aus durch die Farbqualität „blau". Dieses Blau erscheint „gegenstandslos" und weit „wie der Sommerhimmel" und ist mit dem Gefühl der „Sanftheit" verwoben. Dies ist aber kein subjektives Gefühl, sondern die Sanftheit geht von „dem Blau" aus, das auch „einen Kollegen überflutet", den Aspekt des männlichen Selbst, der auf spirituelle Zusammenarbeit weist. Daraus wird ersichtlich, dass es sich um ätherische, kosmische Energie („aus dem Himmel") handelt. „Wir wollen ins Blaue fahren!" erhält so einen mehrfachen Sinn: Es ist nicht nur auf ein konkret unbekanntes Ziel angespielt, sondern zugleich auf die **Unendlichkeit** - blau ist Symbolfarbe des Unendlichen -, in welche hinein „die Fahrt", die **Bewusstwerdung**, unternommen werden soll. Dieser „Raum" ist zugleich **Empfindungsqualität der Seele.**

Der Sprung vom Turm

Auch ein anderes Mal wurde ich - als Mitglied einer Schulklasse - zu einem Ausflug eingeladen, einem sehr speziellen Ausflug, denn dieser Ausflug war mit einer Aufgabe innerhalb des Sportunterrichts oder eines Wettkampfes verknüpft.

Wir alle sind auf einen auf einer Anhöhe gelegenen, sehr hohen Turm gestiegen, und es geht nun darum von diesem Turm hinunterzuspringen. Es scheint sich dabei um eine Mutprobe ganz besonderer Art zu handeln. Mir schwindelt, als ich am Rande des Turmes stehe. Ich habe aber nicht eigentlich Angst, obwohl sehr klar ist, dass so ein Sprung jederzeit in einem Todesfall enden kann. Deshalb ist der Zeitpunkt dafür durchaus nicht gleichgültig, sondern das Ereignis ist von großer kairologischer Bedeutung. Aber alle anderen, außer mir, haben diesen Sprung schon öfters im Rahmen ihres Unterrichts vollzogen, wenn auch eher unbedacht, wie mir scheint, das heißt, ohne sich der Todesgefahr bewusst zu sein. Also springen wir. Und dann ist es ein wunderschönes Schweben in der Luft. Ich scheine getragen zu werden von etwas Unbekanntem und fühle mich ungeheuer frei. Unten lande ich ganz sanft auf den Füßen. Ich kann es kaum fassen, da es ja eigentlich wie ein Fliegen gewesen ist. Ich bin sehr glücklich über diese Erfahrung und, ehe ich mich versehe, denn an den Aufstieg erinnere ich mich gar nicht, bin ich wieder auf dem Turm und lasse mich erneut in die Lüfte nieder. Auch diesmal gelingt der Sprung. Es kommt mir so vor, als hätte ich jetzt eine magische Kraft und die nötige Freiheit, die

Wiederholung, wann ich will, wieder zu vollziehen. Dennoch ist dadurch die Todesgefahr nicht ausgeschaltet.

Bei einem dritten Mal auf dem Turm ist unter meinen Begleiterinnen - erst jetzt bemerke ich, dass es nur Frauen sind - auch meine Freundin. Sie rät von dem Sprung ab, als ich mich schon dazu bereit gemacht habe, mit der Begründung, der Zeitpunkt sei nun ungünstig. Wir beschließen stattdessen hinunterzulaufen, was demnach auch möglich zu sein scheint, was aber von mir nicht bemerkt wurde. Ich fürchte, dass es nun endlose schmale Treppen hinunter geht, aber es führen angenehme breite Stufen und dann Pfade die Anhöhe hinab durch eine schöne Landschaft. Und so machen wir uns auf den Weg.

Das feinstoffliche Geschehen lässt darauf schließen, dass es sich hier um die **Aneignung einer Fertigkeit** auf einer **bestimmten Bewusstheitsstufe** im Prozess der Geistwerdung der Seele (**der Selbst-Bewusstwerdung**) handelt. Das Herz muss seinen **Mut** unter Beweis stellen: das Wagnis ist von „großer kairologischer Bedeutung". Der Kairos, der aus kosmischer Sicht günstige Augenblick, bezieht sich auf die Verankerung des Fühlens im Herzen. Erst wenn diese sichergestellt ist, ist die „Todesgefahr", die Gefahr des Unbewusstwerdens von Seelenaspekten im Fühlen, ausgeschaltet. Es wurden zwar schon Aspekte des Selbst, als Lieben der Seele, im irdischen Lieben verankert, aber dies geschah relativ „unbedacht", ohne Bewusstwerdung des Herzens. Das „Springen", das **Frei- oder Loslassen**, geschieht nun unter Aktivierung von Aspekten des Pneuma-oder Geistleibes, die bewusst über das Herz vollzogen werden kann.

Wiedersehen mit H-J.

Um mir die Art von Selbst-Bewusstwerdung, um die es hier geht, klarzumachen, musste ich offenbar zunächst einen Schritt zurück in der Zeit gehen. Also lade ich dich ein, lieber Leser, auf unserer Wanderung mit mir in meine frühe Jugend zurückzugehen. Ich war damals verliebt in einen Jungen meiner Klasse. Er hieß H-J., und viele Mädchen der Klasse umschwärmten ihn, weil er durch Intelligenz und ein starkes Selbstbewusstsein auffiel, während ich selbst eher unter einem Mangel an Selbstbewusstsein litt.

Heute, aus Anlass eines Festes oder einer Tagung, sehe ich H-J. plötzlich wieder. Wir gehen nebeneinander her und erzählen uns Dinge aus unserem Leben. Er sagt, dass er drei Fächer studiert hat. Er macht auf mich den Eindruck eines gelehrten und lebenstüchtigen Mannes. Aber ich bin erstaunt, dass ich diesen Mann - den damaligen Jungen - als Heranwachsende einmal geliebt bzw. für ihn geschwärmt habe.

Es wird hier deutlich, dass der **Weg der Geistwerdung** zu **größerem Selbstbewusstsein** führt. Wie sich herausstellt, habe ich zwar den Aspekt der Lebenstüchtigkeit und intellektuellen Geistigkeit aus dem männlichen Lieben bereits integriert - denn ich selbst habe die drei Fächer studiert und bin zu einem selbstbewussten Menschen herangewachsen -, aber dieser Aspekt allein reicht nicht aus, um in meinem Herzen Liebe bzw. höheres Erkenntnisstreben, nämlich Liebe zum Schönen bzw. zum Göttlichen - zu der Idee - weiter auszubilden.

Die drei darauf folgenden Traumerfahrungen lassen die Richtung, um die es bei dieser **Art von Erkenntnis** geht, deutlicher in Erscheinung treten. Ich stelle sie dir nacheinander als Stationen auf dem Weg der Freiheit, der Selbst-Bewusstwerdung, dar.

Liebevoller Wettkampf und alte Schule

Ich träumte in der Nacht ganze Odysseen mit vielen Einzelheiten, wovon mir aber nur Einiges im Gedächtnis geblieben ist. Aber alles, was ich erlebte, war mit innerer Freude und großem Gefallen daran verbunden. Es war mir so, als träumte ich „**Freude am Dasein**".

Ich schwimme wettkämpferisch-spielerisch mit anderen, obwohl dieses Schwimmen von besonderer Bedeutung zu sein scheint. Auch Eislandschaften kommen mir in den Sinn. Ich bin immer mit vielen Menschen zusammen, aber das Zusammensein ist nicht beschwerlich, sondern alle gehen unbeschwert und liebevoll miteinander um. Besonders erinnere ich mich an einen Hund, der mich ganz von Herzen zu lieben scheint und mir freundlich die Hände leckt. Ich spreche auch Französisch, ich weiß aber nicht warum. Auch Bert taucht auf. Wir sind zusammen in meiner alten Schule. Er wird von vielen jungen Mädchen umringt, die ihm Früchte und Gemüse aus ihren Gärten mitbringen. Wir gehören aber zusammen, ohne dass wir überhaupt miteinander reden müssen.

Die Art der Liebe und der Erkenntnis, die hier im Spiel ist, ist weit umfassender, als eine intellektuelle Steigerung es ist. Zwar gibt es auch hier ein wettkämpferisches Element, aber dieses ist spielerisch, bleibt gleichsam zurückbezogen auf die Freude am Dasein, die Liebe zum Lebensgrund. So ist auch das Schwimmen von besonderer Bedeutung, wie du schon auf dem Pfad des Sinnens bemerken konntest. Es betrifft den Prozess des **Sinnendwerdens** der Liebe bzw. **des kosmischen Herzens.** Der Umgang aller miteinander - er bezieht sich auf die Position der Aspekte im Prozess des Sinnendwerdens - ist unbeschwert und liebevoll, da sich die „Mitglieder der Seelenfamilie" gegenseitig in ihrer Bewusstwerdung (in ihrem „Wettkampf") unterstützen. Dabei spielt auch Bert wieder eine Rolle: Der Aspekt „Lehrer/Liebster" des männlichen Selbst ist mit dem Traum-Ich „in der alten Schule", auf der Erde, um dem Herzen mit seinen Unterweisungen zu helfen. Während er „von den jungen Mädchen", den unerkannten Aspekten aus dem weiblichen Lieben, nur Früchte irdischen Liebens erhält, gehören das Traum-Ich und er zusammen im Lieben der Seelen, das unvordenklich bzw. ewig ist.

Das Eis ist brüchig geworden

Ich gehe mit einem älteren Mann, der irgendwie mein Vater zu sein scheint, mich aber auch an Bert erinnert, bei ziemlich starkem Frost - ich bin nicht sehr warm bekleidet - spazieren. Wir wollen eine schnelle Abkürzung nehmen. Da läuft mein Begleiter über einen zugefrorenen See, ich eile hinterher. Plötzlich bemerke ich, dass das Eis an einigen Stellen brüchig ist. Ich rufe ihm eine Warnung zu und gehe, mich an herabhängenden Baumzweigen haltend, unbeschädigt zurück.

Das Herz versucht mit Hilfe des präexistenten Liebens der Seelen - es handelt sich um „den Vater" aus einer früheren Seelenstufe, wie in den „Gesichtern der Liebe" offenbart - eine andere Dimension („das andere Ufer") „jenseits" der Dualität des Irdischen zu erreichen. Es läuft dabei „über das Eis" - Verhaftungen an irdisches Denken und Meinen -, das inzwischen „brüchig" geworden ist: die Blockaden sind in Auflösung begriffen, so dass es mit Hilfe von „herabhängenden Zweigen", Ansätzen einer neuen Erkenntnisweise, mit dem irdischen Bewusstsein weitergehen kann.

Die Zwillingsschmetterlinge im Käfig

Ich bin mit meiner Schwester - es ist nicht meine leibliche Schwester aus diesem Leben - in einem Zimmer. Auf dem Schrank oben steht ein Vogelbauer mit einem Vogel darin. Aber das Seltsame ist: In dem Käfig flattern zwei große wunderschön farbige Schmetterlinge, die ganz gleich aussehen, wie Zwillinge. Ich bitte meine Schwester, sie freizulassen, denn ich leide unsäglich unter dem Freiheitsentzug der schönen Falter. Es sind übrigens große exotische Falter mit gezackten Flügeln, vor allem weiß und hellrot gezeichnet. Meine Schwester besteht darauf, dass sie eingesperrt bleiben müssen, ja sie nimmt sogar einen heraus und hält ihn mir ganz nahe ans Gesicht, fast in den Mund, was mir schreckliche Panik verursacht. Der schöne Schmetterling verliert seine ganze Farbe und scheint ziemlich ramponiert.

„Der Vogel" weist mit den Momenten Freiheit und Gesang auf den Schwingungsbereich des Liedes, während die „Zwillingsschmetterlinge" Symbole für die Liebe der beiden Dualseelenaspekte - sehendes Herz und Seele in ihrem Wirken aufeinander - darstellen. Die „Schwester", der Aspekt aus der sinnenden Liebe, besteht in provozierender Weise darauf, dass „die Tiere eingesperrt bleiben" und hält dem Traum-Ich einen „Schmetterling fast in den Mund". Auf diese Weise hält sie dem Fühlen seinen sinnlichen Umgang mit der Liebe der Seelen - den Momenten des Absoluten, des Göttlichen - vor Augen und bewirkt in ihm eine noch stärkere Sehnsucht nach Freisetzung dieser Aspekte.

IX a. Die Achse des Sinnes

Damit sich dieser Umgang änderte, war es mir beschieden, in diesem Stadium einen anderen Weg einzuschlagen, der als „Achse des Sinnes" ausgezeichnet war. Diese Achse zweigte rechts vom Weg der Freiheit ab und führte mich nach und nach ein in Felder des Denkens der Seelen. So würde ich lernen, mein Erkennen der Wahrnehmungsweise des Höheren Selbst bzw. des göttlichen Geistes anzugleichen: von diskursivem auf **intuitives Denken** bzw. **SINNEN** umzuschulen.

Ich stelle **zuerst alle Stationen der Sinnachse hintereinander** dar, lieber Leser, so dass du einerseits ganz in das Erleben eintauchen und andererseits einen besseren Blick für den Gesamtzusammenhang entwickeln kannst. Erst am Ende des Weges kommen wir dann in einem zweiten Teil zu den Deutungen.

Im Turmzimmer

Meine erste Station auf diesem Weg führte mich in einen Raum, in dem ich allein war: Es ist eine Art Küche. - Ich habe dabei vage Vorstellungen an mein früheres Zuhause. - Ich bücke mich gerade, als mir plötzlich ein kalter Schauer den Rücken hinunterläuft, etwas wie eine Hand hat mich berührt. Ich fühle mich wie versteinert von diesem Schauer und kann mich nicht bewegen. Mein „Vater" - ein älterer mir vertrauter Mann - kommt hinzu. Ich sage ihm, was mir widerfahren ist, ohne erklären zu können, was es eigentlich war. Ich wundere mich über das Vertrauen, das ich „meinem Vater" entgegenbringe, da eigentlich so ein tiefes Vertrauensverhältnis zwischen meinem Vater und mir nie bestanden hat. Wenig später trägt mich

„mein Vater" eine Treppe hoch. Ich sitze oben auf seiner Schulter. Die Treppe führt zu einer Art hoch gelegenem, verborgenem Turm. Ich fühle mich sehr wohl dabei, so getragen zu werden, wundere mich aber jetzt gleichermaßen über unseren vertraulichen Umgang, denn schon wieder erzähle ich „meinem Vater" von dem seltsamen Ereignis, das mich traf und sozusagen lähmte. Dabei denke ich noch: Wie eigenartig, jetzt muss mich mein Vater, der doch schon so alt ist, hochtragen.

Oben angelangt, ist mein Vater plötzlich verschwunden. Dafür ist „meine Mutter" anwesend. Ich kann nun wieder laufen. In diesem geheimnisvollen Turmzimmer, das wir irgendwie unerlaubt betreten haben müssen, sind eine Menge Dinge. Mir fällt ein wunderschöner Schrank mit feinen Glastüren auf. Ich mache meine Mutter aufmerksam, die dem aber keine große Bedeutung beimisst, und tue meinen Wunsch kund, diesen Schrank mitzunehmen. Da tritt plötzlich der „Besitzer" des Turmes herein. Wir erkundigen uns nach den Preisen der vorhandenen Dinge, auch des Schrankes. Die sind aber viel zu hoch.

Die Erweckung des Christus

Kurze Zeit später erlebte ich etwas Seltsames. Ich lag in meinem Bett und schlief, als ich plötzlich - es mag gegen 6 Uhr in der Früh gewesen sein - erschrocken aus meinem Bett hochfuhr. Ein lautes Geräusch, das sich wie das Fließen von Wasser anhörte und von rechts oben über meinem Kopf herkam, hatte mich geweckt. In den Nachbarwohnungen war jedoch alles sehr still, und es war auch kein Riss oder ähnliches an der Decke wahrzunehmen. Danach träumte mir Folgendes:

Ich befinde mich irgendwo draußen an einem mir unbekannten Ort. Vor mir erhebt sich ein Berg, auf dem ein Christus steht, kein Kreuz, sondern eine Art Statue. Er sieht aus wie ein Mann, der dort auszuharren scheint und auf irgendetwas wartet. Man sagt mir, es gehe ein Gerücht, dass, wenn jemand wirklich an diesen Christus glaube, er sich von dort erhebe und dies die Erlösung bedeute.

Aha, bemerke ich so für mich, wieder das Problem des Glaubens. Und weiter denke ich so bei mir, eigentlich brauche ich nur daran zu glauben. Gleichzeitig fährt es mir durch den Kopf: Wenn ich wirklich glaube, so wird es sich ja jetzt zeigen. Ich fürchte mich aber im selben Augenblick. In diesem Moment wird die Statue - oder der Erstarrte - dort oben zum Leben erweckt. Es beginnt zu donnern und zu blitzen, die Erde bebt und ein ungeheures Licht verbreitet sich um den Christus. Dieser beginnt von dem Berg herabzusteigen. Kurz darauf sehe ich jedoch am Himmel die Gestalt, von hellem Licht umflossen. Ich schaue weg, und mich überfällt eine ungeheure Angst. Ich denke nur immer, das ist ja ein Irrtum, ich glaube doch gar nicht wirklich, und da beginnt alles um mich herum wie ein Luftgebilde zu zerfließen und löst sich schließlich ganz auf.

In dem Traum, besonders gegen Ende, als der „eschatologische" Teil einsetzte, hatte ich ein starkes Bewusstsein davon, dass alles „nur Traum" sei und ich mithin keinen Grund hätte, mich zu fürchten. Über diesem Gedanken bin ich erwacht mit dem intensiven Gefühl, etwas ganz Besonderes und Wichtiges geträumt zu haben. Irgendwie stand der Traum für mich mit dem vorher vernommenen Geräusch in Verbindung.

Der missverstandene Betrag

Die Sehnsucht nach dem göttlichen Licht war im Herzen geweckt, aber es war noch nicht darauf vorbereitet, geistig zu erkennen oder zu schauen. So aktiviert das Sinnen der Seele einen im irdischen Leben (an)erkannten Aspekt des Geistes, nämlich Bert als „Lehrer", einen Geistführungsaspekt, der ja bereits in meiner Liebe verankert ist:

Ich gehe in ein großes Gebäude, das wohl eine Art Universität vorstellt, jedoch handelt es sich nicht um meine Uni. Dennoch kommt mir dieses Gebäude bekannt vor. Mich deucht, ich war hier schon öfters. Ich befinde mich in einer großen Halle oder einem Saal und höre zunächst einem Vortrag oder einer Vorlesung zu, die Bert hält. Ich bin sehr froh, ihm nach so langer Zeit wieder aus der Geborgenheit der Studentenschaft heraus zuhören zu können.

Die Atmosphäre wechselt. Ich bin immer noch in dem Saal, aber es herrscht ein Ambiente von Fest oder Theater vor. Ich sehe mich genötigt, einen „Beitrag" zu leisten.

Weshalb, weiß ich nicht, irgendwie kommt es mir wie eine Art „Ehrenrettung" vor. Ich lese einen sehr kurzen Text, aber völlig verstümmelt und karikiert. Ich dehne die Wörter und spreche mit verstellter Stimme. Ich habe großen Erfolg. Die Leute sind belustigt. Kurz darauf sehe ich mir selbst in der Szene zu, wie man einen Film im Fernsehen ansieht. Ich komme mir etwas übertrieben und entfremdet vor, zumal ich Gesten ausführe, die mir beim Vortrag selbst nicht bewusst geworden sind.

Irgendwie kommt mir zu Ohren, dass Bert seinen Unmut und starke Kritik an meinem Beitrag geäußert hat und peinlich berührt schien. Ich bin darüber zutiefst verletzt, denn schließlich wollte ich nur seine Bestes (?). Fluchtartig und voller Bestürzung verlasse ich das Gebäude und fahre in einem Taxi davon. Ich fahre auf den Schulhof meines früheren Gymnasiums in L. Ich springe aus dem Taxi und rase in die Aula. Gleichzeitig fährt noch ein anderes Taxi auf den Schulhof. In der Aula kann ich mich nicht sogleich entschließen, ob ich die Treppe nach unten oder nach oben nehmen soll. Etwas hält mich zurück. Ich müsste noch den Taxifahrer bezahlen. Schließlich renne ich die Treppe hinauf. Aber aus dem anderen Taxi springt schon Bert, der noch beobachten konnte, welche Richtung ich „für meine Flucht" nehme, die irgendwie keine wirkliche Flucht ist, da ich ja zögere. Bert, dessen Identität nicht eindeutig ist - es scheinen sich mehrere Persönlichkeiten zu überschneiden, nur mein Gefühl sagt mir klar, es ist Bert - „stellt" mich auf der Treppe. Ich bin bestürzt und weine. Bert tröstet mich und klärt alles als ein Missverständnis auf. Das Ganze endet in holder Versöhnung.

Die gefahrvolle Meeresreise und die Opferung des Elefanten

Die nächste Station auf der Achse des Sinnes handelt von einer Art Lebensprüfung und von einem besonderen Mann. Es war dies kein alter Mann, sondern ein junger, braun gebrannter, mutiger Steuermann eines bedeutenden Schiffes. Er wirkte stark, männlich, fast wild, aber dennoch sehr vertrauenswürdig. Zudem kam er mir irgendwie bekannt vor, wenn ich auch nicht hätte sagen können, woher. Er hatte offenbar schon viele Menschen heil über das tiefe Wasser gebracht, das an manchen Stellen sehr heimtückisch sein konnte.

Mit vielen anderen Gästen war ich zu einem Fest geladen. Der Ballsaal glich einer großen Empfangshalle, und ich befand mich auf einer Art Balustrade neben eben diesem Steuermann. Mehrere saßen um ihn herum, denn er erzählte uns seine Geschichte. Es war die Geschichte von einem besonders heftigen Sturm, der plötzlich auf dem Meer ausgebrochen war... Mit einem Mal kommt ein heftiger Wind auf, ich weiß nicht, wie mir geschieht, aber plötzlich bin ich mitten in der Geschichte drin. Ich höre das Brausen des Sturmes, erlebe das Toben der Wellen. Das Schiff, auf dem wir uns befinden, schwankt stark und wird von den peitschenden Winden hin- und hergeschleudert. Es will mir Angst und Bange werden, aber da höre ich durch das Tosen des Sturmes hindurch die ruhige, feste Stimme des Steuermanns, der erzählt. Und irgendwie, ich weiß nicht warum, vertraue ich ihm. Statt Angst spüre ich nur eine tiefe Verwunderung. Denn ich höre ihn sagen, dass er schließlich nur alle dadurch habe retten können, dass er den Elefanten opferte und jedem der Reisenden davon ein Stück zu essen gab. Noch ehe ich begriffen habe, was er da sagt, kommt jemand und bietet mir auf einem Teller eine große Scheibe bluttriefenden Elefanten an. Merkwürdigerweise ekelt es mich nicht, und wie erwartet schmeckt das Fleisch sehr gut, nicht wie Fleisch, sondern wie das Stück von einer großen Wassermelone, süß und kräftigend.

Einen Moment lang will Trauer über den Verlust des Elefanten in mir hochsteigen. Aber gleich darauf tanzen wir alle auf der Balustrade, froh über die wunderbare Errettung. Und noch den süßen kräftigenden Geschmack auf der Zunge, tanze ich mit dem Steuermann. Dieser sieht nun freilich ganz anders aus, so wie Bert, der etwas seltsame, mir altmodisch anmutende Tanzbewegungen macht. Und da ich einen modernen Tanz tanze, müssen sich unsere Bewegungen erst aufeinander einstellen... Ja, so war das mit meinem merkwürdigen Steuermann.

Das Silberlachen und der Trank aus dem Regenbogen

Von Bert gibt es nun freilich noch eine andere wundersame Geschichte zu erzählen:

Eines Tages befand ich mich mit ihm in der alten Waschküche meiner Großmutter. Es war ein einfacher, großer
Raum, in dem sie kochte, aber auch die Wäsche der ganzen Familie wusch. Wir freuten uns und waren heiter und
scherzten miteinander. Da ertönte durch unsere Scherze
hindurch ein heiteres Lachen wie von einem Silberglöck-
chen, das leise angeschlagen wurde. Ich erkannte darin
sogleich die Stimme meiner lieben Freundin, die sich wie
von fern in unsere Unterhaltung einzumischen schien.
. Ach, hör das Silberlachen, sagte ich, wie unser Lachen
vom Urdarquell.
Der Urdarquell ist ein geheimnisvoller Brunnen. Wenn
dort zwei Liebende hineinschauen, die einander erkennen,
ertönt ein silbriges Lachen vom Brunnengrund hoch und
man sagt, dass eine schöne Brunnennymphe ihr
Silberglöcklein läute. Genau so ein Silberlachen ertönte
nun. Überhaupt schien die alte Waschküche meiner
Großmutter und alles mich Umgebende wunderbar verändert. Auch mein Freund Bert leuchtete in einem unge-
wöhnlichen, göttlichen Glanz, während er mir eindring-
lich, ja fast beschwörend zuredete. Denn nun stellte sich
heraus, dass ich eine schwierige Aufgabe vollbringen
musste. Ich sehe mich noch dastehen und mich ganz stark
besinnen. Aber auf was? Ich musste mich an etwas erinnern, das ich lange, lange Zeit vorher erlebt hatte. Ich
wusste nicht, was es war. Aber ich sann und sann und
konzentrierte mich sehr stark. Und während ich so dastand, stieg langsam etwas in mir hoch:
. Es ist, du bist, in mir und in dem Silberlachen, brachte
ich hervor.

Während ich dies sage, empfinde ich eine große Befreiung, und auch Bert, der zweifach gebunden vor mir steht, fallen die Fesseln von den Händen. Zugleich bemerke ich, dass ich ungeheuer leicht werde und mich langsam in die Luft erhebe. Schon bald schwebe ich unter der Decke des Raumes. Mit Bert geschieht das Gleiche. Wir schweben. Es ist wundervoll. Oben vollführen wir leicht, schwerelos, einen Reigen. Wir halten uns dabei umarmt. Es ist ein wunderbares Gefühl, so als wären wir selbst zu einem sanften Wind geworden. Ich fühle mich irgendwie göttlich, engelhaft und erfüllt von einer großen Kraft und Ausstrahlung. Ich weiß jetzt, ich kann alles vollbringen, was ich nur will.

Ich fühle, wir werden nun bald aufbrechen. Indes erscheint an der weißen Wand ein ungeheuer helles Licht, und vor unseren Augen entsteht ein herrlicher Regenbogen in den allerschönsten Farben. Es war so, als hätten ich bzw. Bert ihn selbst hervorgebracht. Der Bogen erstrahlt in hell leuchtenden Farben, die einen fast unwirklichen Glanz verbreiten. Ich schwebe hinüber und trinke aus dem Roten des Regenbogens. Eine starke, süße, wohlschmeckende Flüssigkeit durchrinnt mich, und ich fühle eine große, alles besänftigende Kraft in mir hochsteigen. So gelingt es uns, die Zurückbleibenden, die wegen unseres Abschieds traurig werden wollen, zu trösten und wir können am Ende schließlich heiter durch den Regenbogen davonschweben.

Die blaue Blume

Und immer wieder ging es um Bert und mich. Ein anderes Mal befand ich mich in einem wunderschönen Blumengarten, der vage Ähnlichkeiten mit dem Garten meiner Eltern aufwies, zumindest waren die Grenzen des Gartens für mich sehr deutlich.

Ich bin inmitten der Pflanzen und ganz erwartungsvoll, weil Bert zu uns nach Hause kommen soll. Ich bin zwar etwas unmutig darüber, dass ich ihn jetzt mit meinen Eltern zusammenbringen muss, aber meine Mutter scheint es ganz natürlich zu nehmen. Ich bin dabei, Blumen zu pflücken. Ich möchte natürlich besonders schöne auswählen, da sie für Bert gedacht sind. Ich freue mich ganz unbändig dabei. Bis jetzt habe ich aber fast nur Knospen oder Pflanzen ohne Blüten gepflückt. Gerade wende ich mich einer besonders schönen blauen Blume zu, die ich für ihn brechen will, da ermahnt mich meine Mutter, dass ich diese nicht nehmen dürfe, da sie nicht mir gehöre. Ich glaube, sie sagt, sie gehöre meiner Schwester. Ich zögere einen Augenblick und wende mich dann anderen schönen Blumen zu. Ich bin weiterhin froh und voller Erwartung.

Der Versuch, eine Kopie anzufertigen

Bei der nächsten Station auf der Achse des Sinnes tauchte Bert als mein geistiger Lehrer auf.

Es geschah, dass ich mich in der Rolle seiner Assistentin vorfand. In dieser Eigenschaft erklärte ich mich dazu bereit, schnell eine Kopie von einem Dokument anzufertigen. Aber dann stellt es sich als schwieriger heraus als ich zunächst annahm. Die Maschinen funktionieren nicht, ich habe kein Kleingeld für das Kopiergerät usw. Ich muss sehr viel herumlaufen. Unter anderem laufe ich wieder - wie öfters in meinen Träumen - schwebend eine Treppe hinunter. Dieses „Hinunterlaufen" hält als bleibender Eindruck an.

Das Los der liegenden 8

In einem kurz darauf folgenden Traum kam der schöpferische Geist oder geistige Lehrer als Stimme bzw. als Wortsymbolik zum Tragen. Ich wachte mit dem Satz auf „Und daran sieht man, wie uns die Dinge lieben". Seltsam, dachte ich in meinem Wachbewusstsein, denn mir schien die Relation in dem Satz gleichsam ver-kehrt.

Kurz darauf bin ich mit mehreren Menschen zusammen und jeder muss irgendetwas auswählen, das ihm zugleich schicksalhaft zukommt, so dass es sich eigentlich nicht um eine echte Wahl, sondern eine Art „Losen" handelt. Ich bin nun schon ganz betrübt, weil ich ziemlich zum Schluss drankomme und es nicht mehr viel Auswahl gibt. Da ziehe ich die liegende 8, und als ich sie näher ansehe, freue ich mich sehr, denn ich weiß, dass es etwas Gutes ist.

Das gefundene Ei

Ein anderes Mal war ich in einem großen Saal ganz allein. Alle Leute schienen schon weggegangen zu sein. Da finde ich dort plötzlich ein Ei. Ich weiß, dass es von Bert stammt. Er hat es mitgebracht. So entschließe ich mich, es zu essen. Ich beginne also, das Ei auszulöffeln. Es ist sehr schmackhaft, und als ich weiterlöffele ist Salz darin und auf dem Grund liegen Reiskörner.

Bert ist inzwischen in den Saal zurückgekehrt und sieht mich das Ei essen. Er sagt aber nichts, sondern scheint irgendetwas in seinen Unterlagen nachzuschauen. Ich esse ruhig weiter, auch das Salz und den Reis. Es ist fast so, als handelte es sich um irgendeine Arbeit oder ein Werk, das ich da vollführe.

Der schwebende Teppich

Um eine Art Probe ging es in dem nachfolgenden Traum.
Ich befand mich mit mehreren Menschen, unter denen auch Pablo war, auf einem Teppich, der auf dem Boden ausgebreitet lag. Vor uns stand ein asiatischer Lehrmeister, eher jungen Alters, der uns in Meditationstechniken unterrichtete.

Wir sollen uns alle sehr stark konzentrieren, und auf diese Weise soll sich der Teppich in die Luft erheben. Wie gesagt, so getan: das Experiment gelingt. Ich bin sehr verwundert und denke noch, so ist es also zu... aber gerade dieses Wort, das einen bestimmten Zustand beschreiben soll, ist mir entfallen. Es war vom Gefühl her so etwas wie „Erkenntnis" oder „Erfüllung". Nachdem wir eine Weile über dem Boden geschwebt sind, macht sich auf dem Teppich eine Bewegung spürbar, und er senkt sich wieder langsam hinunter.

Mit Bert alte Zeitungen durchblättern

Einige Zeit später ging es ebenfalls um eine wichtige Aufgabe oder Lösung, obwohl das auf den ersten Blick vielleicht nicht so offensichtlich ist.

Ich befinde mich wieder mit Bert in dem alten Haus meiner Kindheit, und zwar sitzen wir im Wohnzimmer. Wir sollen gemeinsam irgendetwas herausfinden und durchblättern zu diesem Zweck alte Zeitungen. Bert sitzt auf dem alten Sofa. Ich setze mich einfach neben ihn. Zuweilen berühren sich beim Blättern unsere Hände. Bert zuckt zurück, als hätte er Angst vor der Berührung.

Der Vampirmensch und der verwunschene Bruder

Was sollten wir aber aus alten Zeiten herausfinden?

Einmal war mir, als ginge mein Fühlen in eine ferne Vorzeit, in eine Zeit mythischen Lebens zurück, die vor unserer jetzigen Zeit(be)rechnung, vor unserem heutigen Selbstbewusstsein liegt. Dort treffe ich auf eine Art „vormenschliches Wesen", eine Astralwesenheit. Es handelt sich um einen Vampirmenschen, der zwar den Menschen nicht das Blut aussaugt, aber es zum Erstarren bringt.

Ich habe von diesem „Menschen" manches gehört. Man erzählt sich viel von ihm hier in dieser fernen Vorzeit, wo die Menschen anders gekleidet sind: dunkel, aber nicht beängstigend. Es werden irgendwelche Kisten oder Särge herumgetragen, in denen solche erstarrten Menschen „begraben" liegen. Aber sie scheinen nicht wirklich tot zu sein. Zumindest habe ich das vage Gefühl, dass noch irgendeine Rettung für sie möglich sein müsse.

Einmal bin ich mit anderen Leuten in einem Restaurant oder einer Wirtschaft. Wir sitzen um einen großen Tisch herum. Da taucht auch der Vampirmensch mit seinen Kameraden auf. Er zieht plötzlich ein kleines, spitzes Messer aus der Tasche und fuchtelt damit herum. Ich weiß intuitiv, es ist das Messer, das an der Spitze vergiftet ist oder mit dem es eine besondere Bewandtnis hat, mit dem jedenfalls das Unheil angerichtet wird. Als er damit in meine Nähe kommt, will ich es wegdrücken. Er aber ergreift meine Hand und sticht mit dem Messer in meinen linken Daumen. Ich erschrecke, aber es scheint nur eine normale Wunde zu sein, und ich beginne den Glauben daran zu verlieren, dass es in Wirklichkeit um dieses Instrument anders bestellt sei.

Kurz darauf befinde ich mich in einem alten Haus. Es erinnert mich an das Haus meiner Oma, obgleich es ihm durchaus nicht ähnlich sieht. Das Haus ist sehr eng und hoch. Ich laufe mehrere Treppen hinauf. In einer Art Turmzimmer sitzt „mein Bruder" an einem Tisch. Ich gehe auf ihn zu. Da bemerke ich, dass er nicht mehr lebt bzw. sich in diesem verwunschenen, erstarrten Zustand befindet. Ich erschrecke sehr, laufe hinunter und treffe unten auf die Eltern des Vampirmenschen, die einzigen, welche in der Lage sind, diesen unschädlich zu machen.

Kurze Zeit später werden wieder zwei dieser Särge hinuntergeschafft: in dem einen befindet sich meine Bruder, in dem anderen der Vampirmensch. In diesem Augenblick beginnt auch mit meinem Körper eine Veränderung vor sich zu gehen. Ich erkenne, dass die mir beigebrachte Wunde eben doch keine einfache Wunde ist, sondern Nachwirkungen hat. Aber ich weiß nun gleichzeitig, dass dies nicht das Ende bedeutet, sondern dass man durch diesen Zustand nur hindurch muss, um zu einem anderen „entwunschenen" Leben zu gelangen.

Die zahmen Hunde

Bald darauf erlebte ich, wie in kürzeren Träumen öfters Hunde vorkommen. Sie sind aber nicht bedrohlich, im Gegenteil sie lecken mir anhänglich und liebevoll die Hand und begleiten mich.

Gelebte Dialektik

Dann erlebte ich eine seltsame Verwandlung: Ich war gleichsam doppelt vorhanden. Ich will euch schildern, wie das zuging.

Es ging um ein junges Paar, das verfolgt wurde. Die Frau war schwanger, und die beiden Liebenden konnten sich nur immer heimlich treffen. Ich bin zugleich diese junge Frau und das Ich. Das Ich ist gleichsam das übergeordnete Selbstbewusstsein, das ständig damit beschäftigt ist dem verfolgten Paar zu helfen, es zusammenzubringen. Die Liebenden treffen sich an ganz versteckten Orten wie z. B. auf einem alten Speicher, wo eine so stickige und verschmutzte Luft steht, dass ich glaube zu ersticken, als ich das schwangere Mädchen dort aufsuche.

Zugleich werde ich aber auch als dieses Mädchen verfolgt. Ängstlich warte ich auf irgendwelche schrecklichen Qualen und Schmerzen, die mir zugefügt werden sollen, aber die Verfolger erwischen mich nicht, dank der Fürsorge meines anderen Ich. Ich treffe mich mit meinem Geliebten auf irgendwelchen Straßen, immer nur Worte flüsternd im Vorübergehen. Ich habe keine Ahnung, wie mein Geliebter aussieht, aber es herrscht ein Verhältnis innigster Verbundenheit zwischen uns.

Das Auge - das Innere der Welt

Das übergeordnete Selbstbewusstsein spielte dann auch in einem mir begegnenden Traum eine große Rolle. Hört selbst!

In einem einzigen Augenblick sehe ich vor mir in allernächster Nähe ein großes Auge. Zwar zeichnet sich dieses Auge weder durch besonderen Glanz noch durch besondere Strenge des Blickes aus: Es ist ganz einfach ein Auge, aufgetan, das nach vorne (an)blickt. Das Besondere ist, dass ich im Traum mit einem Schlag weiß, dass dieses Auge das „Innere" der Welt bedeutet, den inneren Zusammenhang, wenn man so will.

Da bin ich erschrocken bei diesem Anblick und dem Wissen davon. Es ist kein Gefühl der Angst, sondern nur des wunderbaren Erstaunens, und diese Empfindung beherrscht mich so sehr, dass ich daran aufwache.

Die Sonne löst sich auf

Was es mit dem Zusammenhang von Selbstbewusstsein und Identität auf sich hat, offenbarte mir ein anderer Traum in sehr spezifischer Symbolik.

Ich gehe mit meinem Bruder und anderen Personen über die Rheinbrücke, als ich plötzlich bemerke, dass ein Stück von der Sonne abfällt und sich in der Luft auflöst. Ziemlich entsetzt mache ich die anderen aufmerksam, und dann beobachten wir, wie sich die Sonne Stück um Stück langsam ganz auflöst. Ich erwarte das Hereinbrechen der völligen Nacht, aber es wird nur nach und nach dunkler. Ich empfinde das Ganze als Apokalypse und bin an Leib und Seele zerrüttet. Ich kann mich kaum noch vorwärts bewegen. Da nimmt mein Bruder mich auf die Schulter - wie Äneas seinen alten Vater - und trägt mich nach Hause.

Ich fühle mich sehr schwach. Mein Herz und die ganze Brust schmerzen. Wir sitzen im Hof und erwarten das Schreckliche. Ich bin in eine Decke gehüllt und denke an den Tod. Bald darauf kommen auch meine Eltern und meine Schwester heim. Meine Schwester kümmert sich um mich, schaut unter die Decke und anderes mehr.

Rhythmus des Seins und Wertschätzung des Lebens

Das vorhergehende schlimme Traumerlebnis weist auf eine seelische Krise, wie ihr vielleicht selbst bemerkt haben werdet, so dass das nachfolgende schöne Traumerleben sich erst längere Zeit später einstellen konnte.

Ich stehe am Meer, an der Südsee. Ich höre den Wind, und ich verstehe den Wind. Ich fühle die Sonne, und ich verstehe die Sonne. Ich höre das Rauschen des Meeres, und ich bin selbst im Rhythmus des Seins. Ich fühle und lebe das Sein und die Liebe der Natur. Zugleich fühle ich einen

Mund auf meinem Mund. Einen winzigen Augenblick frage ich mich, ist es denn wahr, ist es mein Liebster? Ich spüre ihn im Kuss und mich zugleich. Es ist ein langer, unendlicher Kuss, aber es ist nicht so, als würde ich bewusstlos in der Verschmelzung, sondern ich fühle das Leben, die Freiheit, den Liebsten und mich selbst. Es ist das Glück. Wir sprechen nichts, aber alles spricht...

Dann wache ich plötzlich in meinem Bett auf durch Regentropfen, die an mein Fenster schlagen, und ich werde mir bewusst, dass ich geträumt habe. Ich stehe auf und erzähle meinem Vater, ich hätte von der Südsee geträumt, aber es sei mir wie Leben, nicht wie Traum vorgekommen. Aber mein Vater hört nicht recht zu, sondern wendet sich seinen Alltagspflichten zu. Dennoch habe ich ihn gern und bin ganz froh. Und ich weiß auch, dieses Leben ist mein Leben. Und als ich dann wirklich aufwachte, war ich sehr glücklich über diese Erkenntnis.

Schreckliche Gerichtsverhandlung und Folterung

Aber noch war die Aufarbeitung der Krise in der Liebe zum Leben nicht überwunden. Zunächst musste ich in frühere Zeitschichten zurückgehen. So hatte ich folgendes Traumerleben:

Ich sitze mit vielen anderen in einem großen Saal, und es scheint eine Art Gerichtsverhandlung stattzufinden, und zwar unter der Leitung zweier Personen. Eine davon ist eine Frau, die mich an die Figur des Todes in Cocteaus

„Orphée" erinnert. Hitler und seine SS-Männer sind an der Macht, und es herrscht ein Klima der Unterdrückung und des Menschenhasses. Angeklagt sind einige junge Leute, unter denen auch ich mich befinde. Aber vor allem geht es um einen jungen Mann, einen Ausländer, der ein portugiesisches Wort gesagt hat bzw. es ist ihm so herausgerutscht. Die strenge, sehr männliche Richterin fragt einen anderen jungen Mann, der Portugiesisch spricht, nach der Bedeutung des Wortes. Dieser antwortet, um den Ausländer zu schützen, irgendetwas, von dem aber offensichtlich ist, dass es gelogen ist. Die Richter werden argwöhnisch und scheinen ihm nicht zu glauben. Dann fragt mich die schreckliche Frau nach der Übersetzung des Wortes. Ich sage, dass ich das Wort nicht kenne und mich nicht erinnere, es vorher je gehört zu haben. Dies entspricht der Wahrheit.

Ich weiß nicht mehr genau, was danach passiert, aber es herrscht ein Klima der Angst und der Unterdrückung. Ich habe Angst um unser aller Leben. So beginne ich plötzlich haltlos zu schluchzen und alles herauszuschreien, weil mein Herz es nicht mehr aushält nichts zu sagen. Da kommen SS-Leute auf mich zu, so genannte „Ärzte", die mir „helfen" wollen. Sie führen mich ab und stechen mir mit Spritzen in die vier Finger (außer dem Daumen) der linken Hand, so dass alles Blut aus den Fingern herausläuft und sie am Ende ganz „blutlos" sind. Dann kommen sie mit einem brennender Papier - einer Art Folie -, um es um meine Finger zu wickeln. Aber ich schreie „es ist zu heiß", denn es schlagen noch die Flammen heraus, so dass sie es selber kaum festhalten können. Sie legen es dennoch um meine Finger und foltern mich. Ich schreie vor Angst und Entsetzen.

Daraufhin erwachte ich mit stark pochendem Herzen und laut schluchzend.

Widerstand des Herzens und Erinnerung als Medium

Schon bald darauf ging das Traumgeschehen in für mein Bewusstsein luzider Weise weiter.

Ich befinde mich wiederum in einem Saal, wo jemand spricht. Ein Mädchen deutet mir an, man müsse etwas tun, um gegen die Unterdrückung zu kämpfen. Ich bejahe das und überrede auch meine Nachbarin dazu.

Plötzlich befinden wir uns zu mehreren jungen Leuten in einem Privatzimmer. Wir sind die so genannte „Widerstandsgruppe". Aber mit einem Mal erkenne ich den jungen Ausländer aus meinem ersten Traum und schreie voller Entsetzen: „Nein, ich will nicht zurück in diesen Traum." Aber die jungen Leute sagen nichts, sondern drehen ein Radio oder Tonband an, auf dem die ganze vorherige Verhandlung aufgezeichnet ist. Ich höre so etwas wie einen Titel. Er lautet „Das wirre Bett". Ich sage mir, das muss ich aufschreiben, damit ich es nicht vergessen habe, wenn ich aufwache. Ich suche einen Augenblick lang nach Papier und Bleistift, aber dann denke ich, ich spinne doch. Wenn ich das hier im Traum aufschreibe, dann habe ich doch den Zettel nicht, wenn ich aufwache. Also lasse ich es sein. Wir hören uns die Verhandlung an, und die anderen werfen mir vor, dass die Machthaber mich durch ihr Spiel zum Reden gebracht hätten. Aber ich bin entsetzt und rufe ihnen zu, dass es doch mein Herz gewesen sei, das da schrie, dass ich das Ganze doch wirklich erlebt hätte, dass wir etwas tun müssen und unsere Herzen nicht sterben oder töten lassen dürfen. Dass wir gegen diesen Tod kämpfen müssen! Aber die anderen scheinen mich nicht recht zu verstehen.

Rechts neben mir sitzt ein junger Mann - der Übersetzer? - der gleichmütig auf einem vor ihm stehenden Gemälde, das ein Meer mit Schiffen darstellt, oben in den Himmel ein Schiffchen hinzumalt. Ich bin entsetzt über die scheinbare Unbeteiligtheit, bemerke aber dann, dass ein gleiches Bild an der linken Wand des Raumes hängt. Und ich denke noch, diese Einzelheit muss ich mir merken für später, wenn ich aus dem Traum erwacht bin. Und so geschah es dann auch.

Vision zu Identität und Vergänglichkeit

Viel später hatte ich auf der Achse des Sinnes ein schauendes Erlebnis, das mich in sehr große Verwunderung versetzte.

Ich saß in der Straßenbahn und sann über mich und meine Seele nach und fragte mich: „Wer bist du, bei alledem, was da geschieht?" Da hatte ich plötzlich, als ich in das

Straßenbahnfenster schaute, in dem ich mich spiegelte, eine Vision: Ich sah mich als Kind und wie das Gesicht sich langsam verwandelte. Die Züge veränderten sich, wie ich nach und nach älter wurde. Am Ende sah ich das Gesicht einer alten Frau vor mir. Es sah aus wie das eines alten Asiaten, der ich doch selbst war. Schließlich sah mein Gesicht wieder so aus, wie ich zu dem Zeitpunkt ausschaute. Ich erschrak zutiefst und war zugleich höchst erstaunt und bewegt.

Viele Häuser unterschiedlichen Stils

Auf dem Wege der Entwicklung des Selbst-Bewusstseins zu einem kosmischen HERZ-Bewusstsein begegnete mir dann Folgendes:

Ich bin auf meinem Grundstück zu Hause. Es gibt dort viele unterschiedliche Häuser. Ich kann unser Haus nicht recht herausfinden. Zugleich habe ich den intensiven Eindruck, ich befinde mich jetzt in einem anderen Leben oder einer „zeitlosen Zeit". Ich bin eher erstaunt über die vielen Häuser sehr unterschiedlichen Stils, die aus verschiedenen Epochen, Ländern oder Kulturen zusammengesetzt scheinen.

Die fremde Wohnung

Einmal befinde ich mich aber in einer fremden Wohnung. Es hat eine besondere Bewandtnis mit den Fenstern bzw.

der Aussicht. Diese ist durch irgendetwas, dessen ich mich nicht mehr entsinne, besonders eindrucksvoll.

Mein guter Geist trägt mich vom Bett auf die Erde, dann lässt er mich sanft auf ein Schafsfell nieder. Ich liege nun dort und weiß nicht recht, was tun. Ich denke nach, unter anderem darüber, dass ich mir früher ein bequemes Leben immer als Ruhen auf einem schönen Fell vor einem Kamin vorgestellt habe. Aber dieses Fell ist etwas dünn und auch nicht allzu bequem. Ich bin dort allein bzw. nur mit meinem guten Geist und weiß nicht so recht, was ich in dieser fremden Wohnung überhaupt soll.

Die verschiedenen Wohnungen und die rote Spinne

Auch das folgende Traumerleben bildet eine Station ab auf dem Wege der Selbst-Bewusstwerdung, wobei die unterschiedlichen Häuser oder Wohnungen auf unterschiedliche irdische Leben bzw. Persönlichkeitsstrukturen hinweisen.

Mir wurde dies nach dem luziden Traum klar, in welchem ich mich in fünf verschiedenen Häusern bzw. Wohnungen, unter anderem auch in meinem Elternhaus, befand. Das Besondere an diesem Traum war, dass - nachdem ich die verschiedenen Wohnungen alle angeschaut und mich dort umgesehen hatte - ich meinen geistigen Führer bat, sie noch einmal der Reihe nach ansehen zu können, damit ich mir die Einzelheiten besser für nachher, wenn ich aus dem Traum erwacht sein würde, merken könne. Daraufhin durfte ich alle fünf noch einmal ansehen bzw. erleben. Bemerkenswert war auch der offensichtlich gewollt offenbarte „Traumcharakter" der Leben, so als sei bis zum geistigen „Erwachen" - bis zum „Beginn" der Geistwerdung der Seele - das Leben ein „Traum" der Seele: Ich lag in mindestens drei der Wohnungen im Bett und erwachte dort plötzlich zu diesem Leben, so als hätte mein Geist zuvor geschlafen bzw. schliefe noch im Hinblick auf die Erinnerung an diese Leben.

Ich erinnere mich daran, dass die besuchten Wohnungen bzw. Häuser zum Teil recht groß und geräumig und manchmal sogar herrschaftlich waren.

Aber dann kam ich zu einer Wohnung, die beengt und eher ärmlich war. Auch wachte ich in einem Bett schwer zum Leben auf. Aber es sind dort viele Kinder, die fast auf mich zu warten scheinen - unterschiedliche Rassen -, und ich bin sehr froh über diese Kinder.

Eine Wohnung scheint in Paris zu liegen oder zumindest mit meinem Leben in Paris zusammenzuhängen. Dort habe ich in einem Raum irgendwo ein Kleid vergessen, als ich abreisen will, und muss zurück, um es zu holen.

Eine der Wohnungen, in die ich komme, ist eine wunderschöne große. Diesmal erwache ich nicht aus dem Schlaf, sondern trete dort ein. Elisa ist bei mir. Ich erkenne Einiges in dieser Wohnung bzw. erkenne es wieder und freue mich sehr darüber.

Die ganzen Leben bzw. Seinsebenen verbindet auch etwas, und zwar hat es zu tun mit der **Selbstverdoppelung**,
von der oben die Rede war. Diese erscheint mir unter dem
Bild einer Spinne, die durch ihren Faden aus sich heraus-
tritt. Es ist eine rote Spinne, die einen roten Faden spinnt -
rot ist zugleich Farbe des Herzens, des Blutes und der
Liebe -, den „roten Faden" des Seins- und Sinnzusam-
menhanges.

Vom Wesen der Zeit

Bei einer weiteren Station auf der Straße des Sinnes hatte
ich des Abends, als ich schon fast eingeschlafen war,
plötzlich eine Intuition: Es war so, als ob ich diese „Idee
schaute":

Ich erfuhr, dass die Zeit nicht eigentlich existiert bzw.
dass es **nur unsere Zeitlichkeit gibt**. Das Ewige - das
göttliche Licht - bricht sich gleichsam an uns, entfaltet
sich an uns. Unser Empfinden, unsere Wahrnehmung ist
zeitlich, so dass das „Kontinuum" uns als Momente erscheint. Das liegt möglicherweise an der Sphäre, in der
wir leben.

Ich erschrak freudig im Augenblick dieses Erkennens. Am
nächsten Tag, als ich weiter darüber nachdachte, fiel mir
auf, dass diese Intuition mit einem Gedanken Schellings
übereinstimmt: Der Geist der Ewigkeit nimmt die Schöpfung zu seinem Grunde, um sich in ihr zu empfinden, um
auch die Zeitlichkeit zu durchdringen.

Ein gottgefälliges Leben führen

Da mein quantitatives Zeitverständnis langsam durch ein „qualitatives", ein **kosmisches Zeitbewusstsein** abgelöst wurde, gelang es mir kurz darauf, auf feinstofflicher Ebene meine Mutter zu treffen, die zwei Jahre zuvor verstorben war.

Hier in der Lichtwelt hat sie ein anderes Aussehen: Sie ist jünger und größer, aber es ist doch meine Mutter. Ihre Brust ist unbekleidet, und aus ihren Brüsten strömt eine süße, klebrige Flüssigkeit, vielleicht Honig. Ich frage sie, ob es ihr wohl ergehe hier im Himmel. Sie antwortet mir, dass man, durch den Tod hindurchgehend, Einiges erleiden müsse. Das müsste wohl auch der Vater. Sie hoffe, dass es nicht zu schlimm für ihn werde.

Bei der Erwähnung meines Vaters erscheint hinter einem geschlossenen Gittertor ein älterer Mann vor meinem inneren Auge, der mein Vater ist, obwohl er anders aussieht. Seine Gesichtszüge sind weicher und runder. Er weint sehr, so als ob er etwas bereute. Zugleich freut er sich aber auch, mich zu sehen. Ich streichele sein Gesicht und fühle tief mit ihm und habe ihn sehr lieb. Intuitiv weiß ich, dies ist mein Vater in einem zukünftigen Leben.

Auch mir wünscht meine Mutter, dass ich dabei nicht zuviel durchmachen muss. Aber sie meint, dass Gott mich liebe, da ich ein ziemlich gottgefälliges Leben führe.

Bei diesen Worten wird mir urplötzlich klar, dass dies das wahre Bedeutende am Leben ist und nicht so sehr, ob man dies oder jenes tut.

Sinnen über die Welt der Erscheinungen

Ausgehend von Traumimpulsen erfolgte das Sinnen über die Welt der Erscheinungen. Gemeinsam mit der Ebene des kosmischen Bewusstseins sann ich darüber nach, inwieweit die Welt der Erscheinungen Projektion ist.

Die physische Welt, die Welt der Erscheinungen, ist im spirituellen Sinne Illusion, da sie dem Wandel unterworfen ist. Sie hat Anfang und Ende und ist daher eine Wirkung. Die Energie folgt dem Gedanken, und insofern prägt das Bewusstsein die Erscheinung, unsere **Realität**. Diese **ist Wirkung**. Und die einzige Macht, die einer Wirkung verliehen ist, ist diejenige, welche ihr vom Beobachter zugesprochen wird. Das Falsche ist: die Identifizierung mit der Wirkung bzw. mit dem Mangel vorzunehmen. **Wenn wir entschlossen sind, nur die höchsten Eigenschaften in uns und anderen wahrzunehmen, kann der Engel die Ängste, die uns gebunden halten, auflösen.** Die „Verschönung" des anderen bedeutet, das Höhere Selbst, das „Kind" bzw. das Sein in ihm zu sehen. Der Rat meines Höheren Selbst ist, das endliche Selbst des anderen nicht als Maßstab zu nehmen. Was in physischer Gestalt auftritt, ist nur ein Schatten der Wahrheit. Physische Körper, Gedanken und Gefühle sind veränderbar und unbeständig. Sie erscheinen nur substanzhaft. Die einzige

Wirklichkeit ist der Geist Gottes. „Wirkungen" spiegeln die mentale und emotionale Natur einer Person wider. **Die Muster der Wirklichkeit (des Ewigen) - die Ideen - ruhen im Herzzentrum,** in der fühlenden Natur. Sie tragen das Licht als Energie und als Sein in sich.

Die Operation der zwei Knoten

Nachdem ich diese Erkenntnis über den Unterschied von Ewigem und Erscheinung realisiert hatte, konnten zwei Blockaden in meinem Unterbewussten aufgelöst werden, wie der folgende Traum zeigt.

Ich bin mit meinem „Bruder" und meiner „Mutter" zusammen. Wir wohnen alle drei in unserem Haus bzw. unserer Wohnung. Diese ist gerade noch renoviert und schön gemacht worden. Sie gefällt mir sehr gut, ist mir aber nicht schon von früher bekannt.

Ich habe ziemliche Schmerzen an der linken Seite. Ich zeige den beiden meine linke Seite, an der sich zwei dicke Knoten befinden, die von einem „doppelten Bruch" her stammen. Es wird wohl höchste Zeit, dass ein Arzt sie wegoperiert und ich sie nicht länger unentdeckt mit mir herumtrage. Diese Operation kann nun stattfinden. Ich lasse sie zu.

Meine Unterweisung über „das Kind"

Weiter auf dem Weg des Sinnes unterwegs, traf ich kurze Zeit später auf einen Mann, der mir äußerlich unbekannt war, der aber vom Gefühl bzw. der Schwingungsqualität her meinem Liebsten im Licht entsprach.

Ich führe lange Gespräche mit ihm über ein Kind bzw. über „das Kind". Später kommt noch seine Frau dazu, die sich unter „dem Kind", um das es hier gehen soll, nichts vorstellen kann, ja es sogar ziemlich geschmacklos findet, bei dem „Produkt" des Erlösungsprozesses von einem Kind zu sprechen. So gebe ich beiden - und d. h. natürlich zugleich auch gewissen Bewusstseinsaspekten meiner selbst - eine Unterweisung:

Ich sage, „das Kind" sei das **erleuchtete Herz**, es sei kein natürliches Kind gemeint. Der Prozess, um den es hier geht, sei der Weg zur Erleuchtung bzw. zum Schauen. Die Liebe zum Sinn bzw. zum göttlichen Licht sei in uns allen lebendig und wolle „erlöst" bzw. befriedigt werden. Ich erkläre sehr viel zum Prozess, und der Mann ist sehr interessiert und stimmt mir zu. Er scheint mich auch zu lieben. Seine Frau, die mir zunächst eher als „Störfaktor" erschien, beginnt ebenfalls sich zu interessieren und auf diese Weise zu lieben. Ich spreche noch vom Bewusstwerdungsprozess des Gottes in der Welt und sage, es wird so die göttliche Potenz in der Welt vergrößert bzw. bewusst gemacht. Und durch einen anderen „Traum" bzw. auf der Ebene des Lichtes wurde ich informiert, dass es meine

Aufgabe sei, zu dieser Erhöhung der Potenz bewusst bei-
zutragen.

Das weise Kind meiner Schwester

Kurz darauf geschah es auf der Traumebene, dass „meine
Schwester" tatsächlich solch ein Kind bekam. Dieses Kind
macht mir sehr viel Freude. Es zeichnet sich dadurch aus,
dass es unterschiedliche Gestalt annimmt, wie eine Seele,
die viele Leben gelebt hat - so sah ich es gleichzeitig mit
dem inneren Auge. Es handelt sich um ein sehr weises und
erfahrenes Kind.

IX b. Erläuterungen zur Achse des Sinnes

Blicken wir nun gemeinsam, lieber Leser, auf die Stationen der Achse des Sinnes zurück. Es sind Schilderungen
von Traumzuständen und feinstofflichen Erlebnissen, die
ich nun im Gesamtzusammenhang der Traumerkenntnisse
deuten möchte. Es wird sich zeigen, wie sich das **Selbst
als Sinn** stufenweise offenbart und die Art des Erkennens
verwandelt.

Die erste Station „Im Turmzimmer" stellt ein Initiations-
geschehen - gleichsam eine heilige Handlung - dar, das
mit seiner spezifischen Symbolik in die Problematik der
Erkenntnis des Göttlichen, des **Selbst als Sinn**, einführt.
Hier befinden wir uns im Stadium des Werdens einer neu-
en Identität, welche die Herausbildung der feinstofflichen

Sinne beinhaltet; also geht es um das **Werden einer multidimensionalen Identität.** Herzerinnerung wird ausgelöst mit der Erweckung der Kundalini[2]. „Kundalini" nennt man die so genannte „Schlangenkraft", die göttliche Schöpferkraft oder Bewusstseinsenergie, die im unerwachten Stadium der Seele am unteren Ende der Wirbelsäule „wie eine Schlange" zusammengerollt liegt. Beim „Erwachen", der Bewusstwerdung des Göttlichen im Menschen, richtet sie sich gleichsam auf und durchlichtet - als Entwicklungsstadien der Geistwerdung der Seele - die unterschiedlichen Chakren und die damit verbundenen Sphären. Mit der Kundalinikraft kommt das **präexistente Lieben der Seele** (Ebene „Vater") ins Spiel. Es tritt in Erscheinung mit früheren Inkarnationsstufen des Selbst, welche mit dem normalen Ich-Bewusstsein nicht erfasst werden können (kann im profanen Bewusstsein nicht „weitergehen"). Durch die Aktivierung des Geistaspektes der Seele gelangt das Ich-Bewusstsein zu einer höheren Wahrnehmung („ich werde die Treppe hochgetragen"). Es handelt sich dabei um ein „geheimes" Geschehen, das sich im „Verborgenen" des „Turmzimmers" - in den unbewussten Schichten des Selbst - vollzieht. Die Anwesenheit der „Mutter" deutet auf das Lieben der Seele, und es bewirkt, dass das Herz nun „wieder laufen", nämlich im Fühlen weitergehen kann. Der „wunderschöne Schrank" ist die Schönheit in allem Seienden als HERZ und Grund der Liebe, und die „Glastüren" deuten auf das Transparentwerden, das Sinnendwerden. Das Begehren nach dem

---

[2] Vom unkontrollierten künstlichen Erwecken der Kundalini ist nachdrücklich abzuraten, da der unangemessene Umgang mit dieser Energie zu psychischen Störungen und körperlichen Schädigungen führen kann.

Besitz dieses kostbaren Gutes ruft den eigentlichen Besitzer - den Geist als Selbst (die **Mentalebene**) auf den Plan, und der „Preis" (s. „Preis" als **Preisen**) erweist sich als noch **zu hoch**.

Durch die „Taufe mit dem Wasser des Lebens", die lösende Kraft des Glaubens - welche lebendige Gnadeneinwirkung ist -, wird der „erstarrte Christus" „zum Leben erweckt": der erstarrte Ätherleib **wird durch das Licht im Herzen** - den Christusgeist - **zum Fließen gebracht**. Aber die mit der Wirkung des göttlichen Lichtes verbundenen „Begleitumstände", die Umwälzungen in der Persönlichkeitsstruktur durch die sich ankündigende Auflösung des alten Identitätsbewusstseins („eschatologisches" Szenario), lösen Ängste aus, die eine **Blockade** im Glauben, d. h. im „Lichten" darstellen.

Wie die beiden vorherigen Entwicklungsstufen zeigen, ist die Sehnsucht nach dem Licht (bzw. der Liebe Gottes) schon im Herzen geweckt, aber es kann bisher weder geistig erkannt noch geschaut werden. So wendet sich das Herz, **um den göttlichen Geist zu erkennen**, dem „Lehrer", einem im irdischen Leben bereits anerkannten Aspekt des Geistes zu. Das Traum-Ich befindet sich zunächst in einer großen „Halle" oder einem „Saal", der aus feinstofflichen Besuchen bereits bekannt ist und sich als **„kosmische Lehranstalt"** herausstellt. Das Lernen als Zuhören ist hier zwar schon möglich, aber als der „Saal" zum „Festsaal" wird - dies deutet auf „das Fest" der Vereinigung von irdischem und kosmischem Bewusstsein - und der zu leistende Beitrag **„sprachlich"** werden soll, stellt sich heraus, dass aufgrund von Vor- bzw. Ver-Stellungen im Herzbereich die Sprachwerdung als kosmische noch nicht gelingt. Das Herz wird deshalb zunächst auf die „irdische Lehranstalt" verwiesen: Das **Lernen in der „alten Schule Erde"** findet über das Karma statt. Hier bleibt die Lehrerfunktion nicht auf die Persönlichkeit Berts beschränkt.

Der **die Leben und ihre Prüfungen steuernde Geist**, der Lenker der Pneumanatur (diese ist als so genanntes „Fahrzeug" die „Merkaba") ist das **Selbst als Geist - ein Aspekt des LOGOS.** Als schöpferische Wirkkraft Gottes ist er sowohl der Geist des Ewigen, der durch die Dualität des Lebens bzw. der Leben führt („der Steuermann des Schiffes") als das von der Geistselbst-Ebene her inspirierende **Wort** („das Erzählerbewusstsein"). Die **„Rettung"** - als Überwindung des dualistischen Denkens - bedeutet die **Integrierung der Co-Selbste,** der unterschiedlichen Zentrierungen des interdimensional verankerten Geistselbst. Sie wird dadurch ermöglicht, dass die „Weisheitsmaterie", das Pneuma (alle essen vom „Fleisch des Elefanten"), auf allen Stufen des werdenden Geistes - auf allen Erkenntnisebenen des Selbst und in allen Zeitstufen - aktiviert wird. Von der **Mitschöpferebene** her kann der **Geistaspekt** „Bert" oder „Lehrer" im schöpferisch ordnenden Wirken („Lied" als Mitplanen, Darstellen und Preisen des Schicksalszusammenhanges) erkannt werden. Die Integration erfolgt als **schwingungsmäßige Abstimmung der Bewusstseinsebenen von Geistselbst und irdischem Selbst.**

175

Dieser feinstoffliche Prozess wird dann umgehend einge-leitet. Er vollzieht sich als **karmische Reinigung** („Waschküche"), denn die „Großmutter" weist als „Ah-nin" in den Bereich früherer Zeitschichten. Er beginnt **als Wiedererinnerungprozess der Seele**: der Aspekt „Bert" wird auf der Geistselbst-Ebene freigesetzt, wodurch der Geist auf der irdischen und der kosmischen Ebene entbun-den wird („zweifache Bindung Berts" wird aufgehoben). So kann das Göttliche des Menschen als das der Seele inwohnende Licht bzw. die Liebe des Ewigen wiedererin-nert werden. Die **Wiedererinnerung** bleibt dabei **auf die Seelenaufgabe** (das „Lied") - welche zugleich die der „Seelenfamilie" (siehe obige Co-Selbste) ist - **fokussiert**. Dies zeigt sich sowohl an der (Ver-)Doppelung des Be-wusstseins in erlebendes und erzählendes als auch daran, dass beim „Wiedererkennen der Liebenden" - in Reminis-zenz an E.T.A. Hofmanns „Lachen am Urdarquell" (Quell = Schöpfungsgrund) - **Freude in der Erkenntnis des Göttlichen** entsteht. Das „Schweben" und „der schwere-lose Reigen" sind Merkmale des Aufstiegs und das „zu einem sanften Wind Werden" deutet die Aktivierung des Pneumawesens an. Dem Aufbruch ins Licht geht die Ma-nifestation eines „wunderbaren Regenbogens", Symbol der Versöhnung und des Friedens zwischen Irdischem und Göttlichem, voraus, und die „rote wohlschmeckende Flüs-sigkeit" darin, die den Geist stärkt - und übrigens in vielen Träumen auftaucht - entspricht der Energie der schöpferi-schen Liebe und Weisheit aus dem Lieben der Seele.

Nach diesem Aufbruch ins Licht bleibt die **Grundstim-mung die einer frohen Erwartung**, denn „Bert" soll ja

„nach Hause kommen": **dieser Geistaspekt des Selbst möchte integriert werden.** Das Lieben, welches durch das Symbol des „Blumen Pflückens" versinnbildlicht wird, möchte besonders schöne „Blumen" - Ideen bzw. Bewusstwerdungen des schöpferischen Lebens - erbringen. Dass bisher nur „Knospen" bzw. „Pflanzen ohne Blüten" gepflückt wurden, deutet auf das **Wachstumsstadium des Sprachwerdeprozesses des Göttlichen**, das individuelle Lieben ist noch nicht zur Vollendung gereift. So geht es auch nicht, „die blaue Blume" - die Vollendung des schöpferischen Geistes in der Dichtung, im Sein - zu brechen, denn sie gehört „der Schwester". Diese ist ein Aspekt des weiblichen Selbst, welcher die Liebe als sehende (mit dem Ziel der Bewusstwerdung des Ego-Selbst) bezeichnet.

Als „Berts Assistentin" muss das Herz „eine Kopie" von „einem Papier" anfertigen, es muss die **Verdoppelung einer Lebensseite** vollbringen. Und zwar „assistiert" es dem Geistselbst - wieder durch den „Lehrer Bert" repräsentiert - darin, dass das **Ego-Selbst** geistig, nämlich zum **„Bild Gottes"** werden kann. Es gibt aber jede Menge Schwierigkeiten zu überwinden, denn das **Ich-Bewusstsein muss dazu ins unbewusste Selbst** („Treppe hinunter"), ins Fühlen. Das „Schweben" beim Hinabsteigen deutet wiederum auf das Getragenwerden durch die Pneumanatur, die sich hier als innere Freude kundtut.

In dieser Entwicklung tritt nun der schöpferische Geist - das Pneuma - stärker als **Wort** in den Vordergrund, indem er sich einerseits direkter - als Stimme - ausspricht und andererseits als Wortsymbolik zum Tragen kommt. Inhaltlich handelt der Traum von der **Einheit alles Seienden** („die Dinge lieben uns") und von der **Unendlichkeit des Seins**. Die „Wahl", die sich hier vollzieht, meint wortgetreu „das Los", Schicksal und Lebensaufgabe, die ein Mensch - im Beisein seiner Seelenfamilie - für seine kommende Existenz auswählt. Die hier gewählte „liegende Acht", die **Lemniskate**, ist Symbol der Unendlichkeit bzw. des **Übergangs ins Unendliche** (vgl. Möbiusband). Der **Äther** ist die feinstoffliche Substanz, die kosmische Liebesenergie oder **Liebe zum Leben**, die alles Seiende verbindet. Er bildet das **kosmische Herz**, den Christus als **HERZ** der Natur. Durch die Aktivierung der Chakren und das Durchlaufen der sieben Erkenntnisstufen des Selbst vollzieht sich die Menschwerdung Christi im Selbst bzw. die geistige Wiedergeburt des Menschen. Sie ist gleichbedeutend mit dem **Sinnendwerden der Seele**, an welchem das **schöpferische Leben des Menschen nun bewusst** teilhaben kann (symbolisiert durch die 8).

Diese **Vervollkommnung im Lieben** muss vom **Ursprung** her (ab ovo), der zugleich die Fülle aller vorhandenen Möglichkeiten bildet (das „Ei" ist in der alchemistischen Symbolik die „prima materia"), gelebt werden, d. h. sie ist **verankert im Lieben der Seele**. Hilfe erfährt das irdische Bewusstsein bei seinem Werk durch „den Lehrer Bert", den Aspekt aus der **Geistselbst-Ebene**, welche die spirituelle Kraft der inneren Reinigung („Salz") und potenzielles Unsterblichwerden („Reis" als Symbol für Fruchtbarkeit und Unsterblichkeit) vermittelt. Denn wenn das **Wort im Kosmischen verankert** wird, stellt das **Lied** einen **Übergang ins Unendliche** dar.

Die nächste Stufe des Liebens aktiviert einen Weisheits-aspekt der Seele, „den asiatischen Lehrmeister", welcher zeigt, dass **durch Fokussierung des Lichtes der Seele** das Kreatürliche des Menschen - die Aspekte aus dem ontischen Bereich - in die pneumatische Energie des Herz-zentrums eingehen, d. h. **zum Bewusstsein des Göttlichen** gelangen kann. Durch die Erfahrung des Getragen-werdens („Schwebezustand") vom ätherischen „Doppel" (s. o. Selbstverdoppelung) kann das Wesen des Pneumas als lebendiger Geist Gottes und die **HERZ-Bewusstheit** zugleich als **kosmischer Raum** (s. Aufstieg) erfahren werden.

Zunächst geht das Herz ins „**Haus der Kindheit**", das für den **Grund der Liebe** steht und wo „Bert" mit ihm ver-bunden ist. Es geht darum, etwas „herauszufinden", was möglicherweise aus alten Zeiten („alten Zeitungen") her-vorgeht. Das heißt, es müssen gemeinsam - im seelischen Kontakt als ausführendem Prinzip (Berührung der „Hän-de) - **Empfindungsschichten wiedererinnert bzw. auf-gearbeitet** werden.

So geht es zuerst „in mythische Vorzeiten" zurück: Es wird ein **Aspekt des männlichen Liebens**, der sich auf **aggressives Leben** bezog, auf der **Astralebene** aktiviert. Er wird vom Herzen - als Fühlen - nicht anerkannt, son-dern das Herzprinzip erleidet eine **Verletzung (in der Liebe zum Leben)**. Und zwar handelt es sich um eine

179

karmische Verletzung des aktiven Prinzips im Fühlen. Das Traum-Ich begreift zunächst noch nicht die „Nachwirkungen" - Auswirkungen in der Kausalsphäre - dieser Verletzung. Erst als es im „Hause der Oma" - Hinweis auf frühere Inkarnationsstufen - „mehrere Treppen bis in das Turmzimmer hochläuft", findet es den „erstarrten Bruder". Dies bedeutet: Das Herz als Fühlen erlangt durch den Aufstieg in höhere Ebenen des Selbst ein Wissen über die **Lähmung eines Aspektes des sehendes HERZENS** („Bruder"). Dieser Aspekt, der nun Projektionen und falschen Wünschen ausgesetzt ist, bleibt „erstarrt". Er bezieht sich auf das **Preisen**. Da „das Lied" eine Schicht dieses Preisens betrifft, ist der Aspekt zugleich Teil der Lebensaufgabe. Umso wichtiger ist seine Integration. Glücklicherweise kann erkannt werden, dass die „Verwunschenheit" des sehenden Herzens **durch Transformation aufhebbar** ist.

Bei diesem Transformieren tauchen sodann als Mittler und Begleiter des Prozesses „Hunde" auf, die „liebevoll die Hand lecken". Es sind **Aspekte aus dem Bereich der Sexualkräfte**, die „als Mittlerwesen" aktiviert werden, um die **Liebe zum Leben „zum Fließen"** zu bringen.

Angst vor dem Leben blockiert jedoch die Vermittlung, so dass der passive, durch die Zeit hindurchgehende, und der aktive, erkennende Teil des Herzprinzips (**fühlendes Herz** und **sehendes Herz**) sich stärker **polarisieren**. Die „schwangere Liebende", das fühlende Herz, möchte eine neue Erkenntnisstufe der Seele (das „Kind") hervorbringen. Aber es erwartet ängstlich irgendwelche „schrecklichen Qualen". Aufgrund der „Vorausschau" - der kosmischen Bewusstheit - des sehenden Herzens tritt jedoch das erwartete Leiden (s. Verstellung des Aspektes „Preisen") nicht ein.

Mit der Traumvision des „Auges", welches „das Innere der Welt" verkörpert, wird nun verdeutlicht, worin die Natur dieses Sehens oder Erkennens des HERZENS besteht: Es ist ein **Schauen, welches im Selbst verankert** ist. Es ist daher zugleich **Betrachter** - Selbstbewusstsein - und Selbst als **erkennendes Prinzip.** Das Selbst ist zudem das **aktivierende Prinzip** - das SINNEN -, welches die Aspekte aufruft, die im Sinne der Geistwerdung integriert werden müssen.

Der durch Leiden **verstellte Aspekt des Preisens** wird jetzt auf der **Astralebene** aktiviert. So **hebt sich im Auseinandergehen der aktiven und passiven Seelenkräfte** - Geist als Erkenntnis (Yang-Prinzip) und Geist als Empfindung (Yin-Prinzip) - **der mentale Aspekt der Liebe (das Selbst)** zugunsten des Empfindens **auf,** was soviel wie Auflösung von Identität (Selbst-Bewusstsein) bedeutet. Dieser Vorgang wird in dem Bild von der „sich auflösenden Sonne" versinnbildlicht. Bei abnehmenden Vernunftkräften wird nun das **Herz zum Träger des erleidenden Ich-Bewusstseins.** (Es kommt zur seelischen Krise, die im Folgenden aufgearbeitet werden kann).

Auf einer neuen Stufe kündigt sich die Aufarbeitung an. Das im Fühlen des Herzens zentrierte Ich-Bewusstsein **verschmilzt mit dem Seelenbewusstsein** - Leben in der

Einheit mit der Natur und Verstehen der Natur (ontische Ebene des Herzbewusstseins bzw. Lebensgrund) - und **mit dem Geistselbst-Aspekt „Liebster"** (ontologische Ebene des Herzbewusstseins bzw. Selbst-Bewusst-sein). Es fühlt zugleich sich und das Andere im Selbst als Liebendes. Durch dieses **Seinserleben** wird das **Sinnen des Herzens** („Erzählebene") **aktiviert**, so dass nun auch das irdische Bewusstsein, auch wenn der Sinn der Alltagspflichten noch nicht ganz akzeptiert ist, **dem endlichen Leben** als eigenes (individuiertes) Leben **neue Wertschätzung** beimessen kann.

Auf einer weiteren Stufe hin zur **Wertschätzung allen liebenden Lebens** (s. Anderes im Selbst) werden nun **Co-Selbste aus der Astralsphäre** (s. Seelenfamilie) aktiviert, die mit der Bewusstwerdung des Göttlichen, des HERZENS, im Fühlen der Seele verbunden sind („andere junge Leute"). Aspekte bzw. Extreme aus dem stofflich-sinnlichen Bereich versuchen diese - ebenso wie das fühlende Herz - durch Kontrolle („Richterin") und Leidensausübung („falsche Ärzte) zu unterdrücken. Der Lehreraspekt der Seele („Übersetzer") „ver-stellt" nun „bewusst" den Bereich des zeugenden Fühlens (das mitschöpferische Wort als Herzprinzip). Das Leiden der Seele soll sich nicht auch als körperliches Leiden manifestieren, denn durch Ego-Verhaftung in der Leidensangst könnte das Resonanzprinzip zur Anwendung gelangen. So **erinnert** sich das endliche Bewusstsein **nicht an das Zeugen** - das HERZ als Erkenntnisprinzip des Göttlichen -, sondern **nur an das Herz als Gefühl.**

Es erinnert sich dann zwar, als es die **Wahrheit des Gefühls verteidigen** will, an das Leiden der vorhergehenden
Zeitstufe, erkennt aber mit den aktivierten Mentalaspekten
(s. Seelenfamilie) durch deren Belehrung („Vorführung")
auch den Vergangenheitscharakter des Leidens und damit
zugleich den **Wert der Herzerinnerung als Medium zur
Weiterentwicklung des Bewusstseins**, z. B. zur Aufarbeitung von Verdrängtem. Nun kann auch der **kosmische
Aspekt der HERZ-Erinnerung** in die bewusste Vorstellung **integriert** werden.

In einer visionären Schau **aus der Sicht des Seelenbe-
wusstseins** erfährt das Ich-Bewusstsein im „Hindurchgehen durch die Zeit", also angesichts von Vergänglichkeit,
Identität (Selbst-Bewusstsein) **als das innere Licht der
Seele**, als menschlichen Wesenskern, der in allen unterschiedlichen Zeiten (kosmischen Bewusstseinsformen der
Seele) erhalten bleibt.

Das quantitative Zeitverständnis wird also langsam durch
ein qualitatives ersetzt, ein **Verständnis kosmischen
HERZ-Bewusstseins**, in welchem die „Qualitäten" (See-
leneigenschaften) lebendiger Geist (Sinnen) werden. Diese
sind Aspekte göttlicher Liebe, die im Herzen geschaut
werden und vom irdischen Bewusstsein als vergangene
oder zukünftige Zeitstufen („unterschiedliche Häuser")
erlebt werden.

Nur wenn diese Aspekte durch Vorstellungen oder Projektionen ver-stellt sind, stellen sie kein tatsächliches Leben
dar („fremde Wohnung"), d. h. sie entsprechen keiner

wirklichen HERZ-Erinnerung. Aber da im Lieben - in der Aktivierung - das Abweichen vom Wahrheitscharakter (vom Lieben der Seele) offenbart wird, können die sich **als Blockade für das Leben auswirkenden Projektionen** erkannt und aufgehoben werden

In je stärkerem Maße dies geschieht, desto **bewusster** - für das irdische Bewusstsein - **wird das kosmische Leben der Seele**, also das Sinnen des HERZENS. Da sich die Aspekte nach unterschiedlicher Bewusstheit entwickeln, erfährt das Ego-Selbst das Lieben des HERZENS aus verschiedenen Daseinsstufen („verschiedene Wohnungen"), d. h. die Momente Ewiger Liebe (Seelengedächtnis) werden „sinnend".

Eigentlich ist das **Ewige**, das feinstoffliche Licht, **ein Kontinuum** - Einheit des Seins -, das sich am/im Irdischen entfaltet. **Die Ent-Faltung ist die Zeit.** Die „umgekehrte" Erfahrung, das **Sinn-Werden** der irdischen Zeit bzw. **des Liebens des Menschen** in der irdischen Zeit, die Ein-Faltung (des Ewigen) erfährt man im **Durchgang durch den Tod.**

Es ist das liebende Herz bzw. das **HERZ im Vollzug** („Mutter"), das - als gedoppeltes Selbst-Bewusstsein (im Sinnen) - diese Erkenntnis als Energie des schöpferischen Grundes („Lichtwelt") im Wort übermittelt. Im Hinblick auf die Seeleneigenschaft bzw. die HERZ-Qualität bezieht sich ein Bewusstseinsaspekt auf die „vergangene Inkarnation", der andere auf die „zukünftige". Durch die **gedoppelte Optik** wird der Grund für eine **höhere Geiststufe**

im Sinnen der Seele gelegt. Die Gottgefälligkeit wird so zum eigentlich Ausschlaggebenden des Lebens.

Die Aspekte des göttlichen Lichtes, des Sinnes sind im Herzzentrum ruhende Muster (Matrices) von Wirklichkeit, **IDEEN**, welche die eigentliche Wahrheit, den göttlichen Geist oder die Ich-Bin-Realität darstellen. Diese ist die Realität des Ewigen (Sein) bzw. des Schöpfergottes. Die **Erscheinungen der irdischen Welt bilden diese Realität**, die von der Seele als „Urbilder" erkannt wird, **(nur) ab**, sind Aspekte des göttlichen Lichtes bzw. des Sinnes in der Dimension der Zeitlichkeit, also Veränderung und Wandel unterworfen. Sie sind aber zugleich **auch Keime der Ewigen Liebe**, die vom Menschen - über das **Lieben des Herzens** und das **Schauen der Seele** - als solche **erfasst** werden können. Der Mensch, der ja auch Göttliches - Höheres Selbst oder Geistselbst - ist, sollte sich und andere nicht mit dem Physischen (das ja als „Wirkung" Vergängliches ist) oder mit dem Mangel identifizieren, sondern das Bleibende, das Ewige invozieren, welches sich dann durch Resonanzwirkung manifestieren kann.

Das Sinnen hat einen **Wandel des Herzens** („Wohnung wurde renoviert") bewirkt, der die Ver-Stellungen oder Projektionen, die im Unbewussten weiterlebten („zwei Knoten", verursacht durch „einen doppelten Bruch" - Im Verhältnis zu „Bert" als Geistaspekt hatten sich schließlich auch zwei „Brüche im Irdischen" manifestiert), sichtbar machte, so dass eine Auflösung der Blockaden stattfinden konnte („Operation").

In **Vereinigung mit dem Geistselbst-Aspekt** kann das **Ich-Bewusstsein** nun zunächst den allgemeinen Hintergrund des **Geistwerdungsprozesses der Seele** im Hinblick auf **das Ziel** verdeutlichen (Unterweisung über „das Kind"): „Das Kind" ist das „erleuchtete Herz" auf dem Weg zur Bewusstwerdung des Gottes in der Welt. Es ist die **Pneumagestalt des Menschen**, die Gestalt des Ewigen (Lebens und Liebe). Es handelt sich dabei um den im Menschen erlösten LOGOS, der als **Liebe Christi** zur Erhöhung der göttlichen Potenz in der Welt führt, zu welcher ich beitragen möchte. Die **Mentalisierung dieser Thematik** erfolgt mit dem sich später im physischen Leben manifestierenden **Co-Selbst „Joscha"**.

In der Tat hat nun der sinnende Aspekt der Liebe („die Schwester") einen **Geistselbst-Aspekt** integriert („ein Kind bekommen"), der die **Liebe zum Leben** betrifft. Als Co-Selbst hat es - auf der Seelenebene - „viele Leben gelebt" und ist „sehr erfahren und weise".

X. Die Felder des Seins

Nachdem du nun, lieber Leser, die gesamte Achse des Sinnes mit mir abgeschritten bist, auf der Ebene der feinstofflichen Ereignisse und auf der Ebene ihrer Bedeutungen, bitte ich dich, mich auch noch zu den Feldern des Seins zu begleiten. Das **Selbst als Sein** betrifft das **Lieben der Seelen und ihre Verbindung zur absoluten Liebe**, zur Quelle bzw. zu Gott. Die Seinsfelder befinden sich auf unterschiedlichen Ebenen des göttlichen Geistes bzw. in unterschiedlichen Sphären, welche bestimmten Stufen im Lieben der Seelen entsprechen.

Das Haus der Welt und der Sturz ins Meer

Wenden wir uns zunächst der ersten Stufe zu. Sie stellt die Welt, die Einheit des Lebens und den höheren Schicksalszusammenhang dar, wie die Tarotkarte Nr. 16, (Der Turm bzw. „Das Haus Gottes"). Ohne zu wissen, wie ich hineingeriet, war ich plötzlich in diesem „Haus Welt":

Ich bin plötzlich mitten im Tarot. Viele Leute sind in diesem „großen Haus", doch die Zerstörung droht. Es scheint das letzte Gericht hereingebrochen zu sein. Ich befinde mich in der Doppelrolle Zuschauer-Beteiligter. Jemand liest mit donnernder Stimme etwas vor und gibt Anweisungen. Aber dann ist es, als vernehme ich nur noch die Nachricht von der Zerstörung dieses Gebäudes. Gleichzeitig höre ich, dass es zwei Arten der Zerstörung gegeben habe. Der große Teil des Hauses sei eingebrochen und alle diejenigen, die zur Erde gestürzt sind, seien rettungslos verloren.

Aber dann gab es auch noch viele in einem Seitenturm dieses großen Gebäudes, unter ihnen scheint Adorno der Fürsprecher. Sie sind alle ins Meer gestürzt. Und während ich mir vorstelle, welche Rettungsmöglichkeiten dort für den armen Adorno wohl bestehen, finde ich mich plötzlich selbst in den Tiefen des Meeres wieder. Ich tauche dort herum in ungeheuren Tiefen der Dunkelheit. Und während ich mit dem einen Teil meines Bewusstseins überschlage, wie lange ich/er ohne Luft da unten auskomme, fehlt es mir in der Wirklichkeit des Meeresgrundes offenbar nicht an Luft. Ich bewege mich recht leicht dort unten und plötzlich sehe ich über mir einen großen Lichtschacht, der durch die Dunkelheit hindurch leuchtet. Da weiß ich: das ist der rettende Ausgang, worauf zu ich mich bewegen muss.

Die Welt ist hier als **„Werk" der göttlichen Liebe** - als ein „großes Haus" mit „vielen Leuten" (unaktivierten Aspekten) - dargestellt, welchem „die Zerstörung", das Nicht-Erinnern an diese Liebe, droht. In der Doppelrolle Zuschauer-Beteiligter nimmt das Herz als Fühlendes und Sehendes diese „Zerstörung" wahr. Ein Co-Selbst, ein Aspekt des Liedes bzw. des Christusgeistes, versucht eine „Erweckung", die Wiedererinnerung an die göttliche Liebe, zu bewirken, aber der Glaube an die Erlösung ist durch Angst-Aspekte verstellt. Es gibt „zwei Arten der Zerstörung": das Unbewusstwerden des Göttlichen durch irdisches projektionsverhaftetes Lieben, aus dem eine Verhaftung im irdischen Sein hervorgehen kann, und das Hinabsinken des Lichtes - der Wahrheit des Göttlichen - ins Fühlen der Seele, ins **Ontische**. Ein Aspekt der kritischen Vernunft aus dem männlichen Lieben, dem Denken („Adorno"), dem sich das Herz assimiliert hatte, sinkt in die Sphäre des Unbewussten. Aber es zeigt sich, dass er nicht verloren ist. Denn der **Grund zum Bewusstsein des Göttlichen** ist **seinem Wesen nach auch geistiger Natur**, da das Licht (auch in der Materie), die göttliche Schöpferkraft, durch das Lieben der Seele aktiviert werden kann.

Die Bedeutung des Zeugens durch das Wort

Auf einer weiteren Stufe im Lieben der Seele erlebte ich durch meine Träume die Bedeutung des gesprochenen Wortes.

Ich „lebte" auf der Traumebene all das, was ich am Abend zuvor gesprochen hatte. Hatte ich gesagt, dass ich noch drei Monate in Weimar hätte verbringen können, um alles zu sehen und an den Nöten der Menschen dort teilzunehmen, so war ich in der Nacht bei ihnen und lebte mit ihnen. Hatte ich zu meinen Freunden gesagt, dass ich mich über die Ankunft ihres Sohnes freue, so war ich in der Nacht bei ihnen und erlebte seine Heimkehr. Es war mir, als träumte ich das alles, um die **Bedeutung des Wortes** zu erkennen, des **Selbst als Wort**.

Innere Absicht unseres Tuns und Reinkarnation

Von welch großer Bedeutung das „Zeugen" ist und die innere Absicht unseres Tuns, manifestierte sich auch durch ein anderes feinstoffliches Traumerleben in der **Astralsphäre**.

Ich bin mit den Seelen mehrerer Verstorbener zusammen. Ich habe sie lieb. Sie verhalten sich so, als seien sie auf das Leben erpicht. Sie wollen sich schnell reinkarnieren. Ich spreche mit einer Seele, einem jungen Mann. Er macht mich darauf aufmerksam - ich hatte es selbst nicht bemerkt -, wie an einer Straßenecke eine junge Frau steht, von der es heißt, dass sie gleich ein Kind gebären wird. Sie ist umringt von Seelen, die alle darauf warten, in den Körper des Kindes eingehen zu können. Ich verstehe nicht, wieso sie alle so begierig darauf sind, wieder auf dieser schon so zerstörten Erde inkarniert zu werden.

Aber da gibt es in meinem Umgang mit den Seelen so etwas wie eine geheime Botschaft über den Augenblick des Todes und über die Bedeutung unseres Liebens für den Tod. Die tiefe innere Wahrheit unseres Bestrebens scheint in allem, was wir tun, von ungeheurer Bedeutung. Sie entscheidet, das heißt die Weise unseres Liebens entscheidet über unser nächstes Leben. Das Selbst als Lieben scheint sich im Augenblick des Todes zu „entfalten", und entsprechend werden wir von den kosmischen Kräften „erkannt" bzw. angezogen. Wir leben im Moment des Todes „das Wort" bzw. das, „was wir zeugten". Der junge Mann verrät mir auch: Dagegen könnten die Seelen gar nichts tun. Es geschähe mit ihnen, nicht sie täten, denn sie hätten keinen freien Willen mehr in jener Welt. Aus diesem Grunde seien sie alle so begierig darauf, wieder ins Erdenleben zu kommen, denn dort hätte man eben einen freien Willen.

Um die Wiedererinnerung an das Göttliche zu vollziehen, kommt es nun darauf an, das aktivierte Licht, die Aspekte, im Lieben anzuerkennen. Das Herz lebt das „am Abend zuvor Gesprochene", um die **Umsetzung des Wortes als Zeugnis innerer Wahrheit** - das Wort ist Geist, das heißt Schwingungsträger - zu erkennen. (Hierin liegt zugleich ein Hinweis auf die Bedeutung des „Liedes" als Zeugen vom Göttlichen). Das Selbst offenbart sich also als Geist, der das Lieben - die Energie des Herzens, den Äther - in „Leben", d. h. schauend in Aspekte umsetzt, um das Erkennen dieses Liebens zu ermöglichen.

Ein Abweichen von der inneren Wahrheit des Empfindens in der **irdischen Sphäre** ist aufgrund der hier bestehenden **Willensfreiheit** möglich, die dann meist zugunsten der Egobedürfnisse gelebt wird. Es hängt alles von unserer Weise des Liebens ab. Die innere Absicht in allem, was wir tun und äußern - das erkannte Licht und entsprechend die Bewusstheit unseres Herzens - sind ausschlaggebend für das, was sich „in unserer Zukunft" manifestiert. Das Selbst als Lieben ist Geist, der sich nach dem Tod entfaltet. Dessen Erkenntnis erlaubt den kosmischen Wesen **in den höheren Astralsphären**, ihr **Bewusstsein** hinsichtlich der kommenden Inkarnation **auf entsprechende Aufgaben auszurichten**, da sie die Art und Weise der Erfahrungen, welcher sie bedürftig sind, um einen weiteren Schritt in der Bewusstwerdung des Göttlichen zu tun, erkennen. Die Wesen mit weniger Herzbewusstheit werden gleichsam in das Leben „hineingezogen", das ihnen entspricht und das ihnen - meist auf dem Leidensweg - ermöglicht, Karmisches auszugleichen.

Hölderlins Verständnis des Herzens

In einem anderen Seinsfeld, das eine weitere Stufe im Lieben der Seele darstellt, traf ich plötzlich mit Hölderlin zusammen.

Es sieht so aus, als ob ich im 18. Jahrhundert lebe, in einer Zeit ohne Hektik und die Kompliziertheiten des heutigen Lebens. Ich habe zugleich den Eindruck im Ursprung meiner selbst zu sein. Es ist eine wunderbare Geschichte, die ich da lebe, sie ist wie der Beginn einer Liebesgeschichte. Hölderlin und ich kennen uns ganz tief. Alle Worte reichen nicht aus, um die Schönheit und Einfachheit unserer Freundschaft auszudrücken. Wir sind fast immer draußen, am Herzen der Natur. Ich bin ein junges Mädchen seines Jahrhunderts, zurückhaltend und demütig, aber zugleich habe ich mein jetziges Wissen und Bewusstsein.

Ich weiß nicht genau, wie ich ihn zuerst getroffen habe, er ist einfach plötzlich da, im Haus meiner Eltern bzw. in dem großen Garten. Ich spreche mit ihm über das Eine in sich selbst Harmonisch-Entgegengesetzte und über das Herz. Da meint er ganz einfach zu mir: „Du möchtest dem Herrn Jesus dein Herz darbringen". Er sagt dies mit sehr großer Selbstverständlichkeit und Natürlichkeit. Ich bin erstaunt. Es ist, als hätte er mir die Antwort auf meine Frage nach der Bedeutung meines Seins gegeben. Er sagt weiter, „das Herz ist die Krippe, die vorbereitet werden muss für die Liebe Gottes bzw. Christi". Ich spreche viel mit ihm. Er ist offenbar als Lehrer zu mir gekommen. Er sagt auch, er müsse mich wohl noch eine Arbeit über Hölderlin schreiben lassen, und lächelt mich freundlich an. Ich antworte lachend: „So wird sich herausstellen, ob ich meinen Doktor zurecht bekommen habe".

Dann zeigt er mir ein Französischbuch, eine Grammatik, die er mitgebracht hat. Er sagt, sein Französisch sei katastrophal und ich möchte ihm doch besseres Französisch beibringen, denn ich sei doch auch Lehrerin. Wir seien doch Partner, wo keiner über den anderen gestellt ist. Dann nimmt er mich bei der Hand und geht mit mir durch die Natur. Unsere Hände umschlingen sich sehr eng und mit ihnen auch unsere Herzen. Und von da an verlassen wir uns nicht mehr. Ich fühle, dass sein Geist mit mir ist und liebe seine Seele.

Das **Lieben der Seele in der Mentalebene**, wo Geist als Erkenntnis gelebt wird, aktiviert den Aspekt „Hölderlin" aus dem männlichen Selbst, der **die Sprache als Preisen des Göttlichen** betrifft. Grundzüge, welche diese Beziehung kennzeichnen, sind: das tiefe Kennen, die Schönheit und Einfachheit der Freundschaft und die gemeinsame Liebe zur Natur. In diesen Aspekten erkennt meine Seele seine Seele bzw. sein Lieben und erkennt mithin sich selbst „wieder". „An das erste Treffen" erinnert sich das Herz nicht, sondern „Hölderlin ist einfach da, im Haus der Eltern bzw. in dem großen Garten". Das Lieben ist präexistent, denn es bleibt bezogen auf die Schönheit in allem Seienden, die göttliche Harmonie als **Grund der Liebe**, auf das kosmische Herz als Sein. Dieses HERZ selbst ist immanent der Gegenstand des Gesprächs, denn die „Struktur des Einen in sich selbst Harmonisch-Engegengesetzten" (über die ich meine Doktorarbeit schrieb) charakterisiert dieses **HERZ**, den **Geist des Kosmos**: als Einheitsgrund - als göttliche Liebe - und als sinnend, d. h. als sich entfaltende Polarität, als Evolution.

193

Der Grund möchte sich seiner selbst im LIED bewusst werden. Deshalb kann „Hölderlin" mir sagen, „dass ich dem Herrn Jesus mein Herz darbringen möchte", was auf das Fühlen als Grund weist, das sich seiner selbst im Geiste des Herrn - als Preisendes, als Licht, das die Erde erhellt - bewusst werden möchte. Als „Lehrer", als Geistselbst-Aspekt, kann „Hölderlin" das Herz im Denken unterrichten, um das Wort zu seinem göttlichen Ursprung zurückzuführen. Er betont die „Partnerschaft" in der Lehre, welche sich als Bewusstmachung von Geistigem - allerdings auf unterschiedlichen Daseinsebenen - vollzieht. Unsere Verbindung in der Ewigen Liebe, in Gott, bedeutet, dass seine Weise des Erkennens (sein Geist) und meine Weise des Sinnens (mein Herz liebt seine Seele) übereinstimmen.

Auf einer weiteren Stufe im Lieben der Seele offenbaren sich mir die beiden folgenden Traumereignisse:

Glückliches Ferienbild der Familie

Ich bin mit meinem Mann und meinen Kindern in einer großen Villa in der Nähe des Flusses in Ferien. Wir leben dort sehr gut und glücklich miteinander. Wir sind eine junge Familie. Ich liebe meinen Mann, der - vom Gefühl her - identisch mit meinem „inneren Liebsten" oder „guten Geist" zu sein scheint. Eine Amme nimmt sich des kleinsten Kindes an, und wir haben außerdem noch eine Köchin und eine weitere Bediente.

Als ich einmal mit meinem vierjährigen Söhnchen in der Nähe des aufgestauten Flusses spiele - ich spüre, dass es dem Fluss wehtut, aufgestaut zu werden, so dass er nicht mehr seinem natürlichen Lauf folgen kann -, springt das Kind plötzlich ganz nah ans Wasser und droht in den Fluss zu fallen. Ich eile hin und halte es mit meinen Armen zurück. Die Bediente nimmt sich des Kindes an, so dass auch ich ans rettende Ufer springen kann.

Dieses glückliche „Ferienbild" erschien mir wie eine vergangene bzw. in der Seele lebende Wirklichkeit.

Sehen mit dem „Dritten Auge"

Kurz darauf bin ich mit Bert zusammen. Zu Beginn des Traumes sehe ich wie in einer Vision mein Gesicht in einem Spiegel und erkenne dort in aller Deutlichkeit drei Augen. Das „Dritte Auge" ist weit geöffnet, was mir bereits im Traum deutlich macht, dass ich mit dem Auge der Seele sehe:

Ich bin mit Bert in dem Garten meiner Kindheit, d. h. meines früheren Elternhauses und wir küssen uns ganz tief und inniglich. Es herrscht ein tiefes Gefühl von Glück und Geborgenheit vor, das durch nichts Äußerliches gestört werden kann.

Das **Lieben der Seele** ist bei diesen beiden Traum-Szenen in der **Kausalsphäre** verankert. Es bezieht sich auf das **Licht im Sinne des Erschaffens**, das anschauende (intuitive) Denken, das Tätigkeit der Seele ist. Aktiviert sind neben dem Aspekt aus dem weiblichen Selbst, der auf das Fühlen bezogen ist (Traum-Ich), ein Aspekt aus dem männlichen Selbst, der auf das Leben bezogen ist („Ehemann") und ein neuer Geistselbst-Aspekt („das **gemeinsame Söhnchen**"), der das **sinnende Leben** darstellt. Der „Fluss" meint das Fließen des Lebens (als Ontisches). Wenn „das Kind in den Fluss fallen würde", bedeutete dies, dass der **Geistselbst-Aspekt sich** nicht **durch mein Schaffen ausdrücken**, sondern sich dem Fluss des Lebens anverwandeln würde. Aber das Traum-Ich „kann das Kind und sich selbst retten", der **Aspekt kann - als liebendes Leben** - in die Lichtgestalt des HERZENS, das Pneumawesen **integriert werden**.

Das Herz lässt das im Traum beschriebene Geschehen als „Bild" einer anderen Daseinsstufe bzw. als in der Seele lebende Wirklichkeit erscheinen, so dass das **Folgende als Kausalgeschehen**, d. h. durch den **Spiegel des Selbst als Sinnen**, erkennbar wird. Ich nehme intuitiv wahr, dass ich mit dem „Dritten Auge" schaue, ein Schauen, das dem Erkennen der Seele entspricht. Diese **Schau** lässt erkennen, dass „Bert" und ich durch präexistentes Lieben (Lieben der Seelen) vereinigt sind und dass wir uns durch das Sinnen des HERZENS - aktivierter Geistselbst-Aspekt „Sohn" - wiedervereinig(t)en.

Suche nach einem neuen Bezug der Zeit zum Selbst

Auf einer weiteren Entwicklungsstufe im Lieben der Seele erhielt ich eine Unterweisung über das Heilwerden bzw. die **Ganzwerdung des Selbst**.

Etwas ist mit Leonie geschehen bzw. mit ihrem Kind. Es scheint plötzlich sehr krank zu sein. Ich habe aber von dem allem nichts mitbekommen, denn ich war abwesend. Ich komme dann in die Universität zurück und erfahre, dass Leonie nicht dort ist. Ich beschließe, sie anzurufen. Ich höre daraufhin Berts Vorlesung über das Heilwerden und über einen neuen Bezug des Selbst zur Zeit. Mein Geistlehrer gibt mir durch die innere Stimme Erläuterungen dazu. Es muss sich langsam ein neuer Bezug der Zeit zum Selbst konstituieren, nachdem die Auflösung des ersten festen Bezuges von Selbst und Zeit - der „Anfang" von Zeit als Beginn des jetzigen Lebens, der einer „Setzung" entspricht - stattfindet. Die innere Stimme kommentiert: Von dem „Licht in der Gegenwart" über das „Licht in der Vergangenheit" lernen. Bert erläutert theoretisch das Verhältnis von altem und neuem Bezug. Es spricht auch über Leonie (die er in Wirklichkeit gar nicht persönlich kennt). Dann kommt er plötzlich auf Uschi zu sprechen, eine andere Freundin. Ihr Selbst suche nach dem neuen Bezug zur Zeit, was gleichbedeutend damit ist, dass sie, als Person, nach einem neuen Bezug zu ihrem Selbst sucht.

Das **Schauen aus dem „Dritten Auge"** bedeutet, dass ich so liebe wie mein Höheres Selbst und in diesem Schauen vermag **das Herz die Erkenntnisstufe der Seele eines anderen Menschen zu erkennen**. Die neue Erkenntnisstufe drückt sich in der Symbolik des „Kindes" aus.

Der Aspekt ist bei der Freundin Leonie auf das irdische Sein bezogen, d. h. in ihrem Leben manifestiert sich der Aspekt als zu erwartendes Kind, das allerdings „krank" ist. (Als ich Leonie einige Tage später anrief, erfuhr ich, dass sie in der Tat schwanger war und dass das Leben des Embryo durch starke Zwischenblutungen gefährdet war). **Leben**, aber auch **Träume**, stellen eine **Manifestation des Lebens des kosmischen HERZENS auf unterschiedlichen Seinsebenen dar**, aus denen die aktivierten Aspekte ins Lieben integriert werden können. Aus dem kosmischen Denken heraus erkennt mein Herz, dass „Leonie" diese kosmische Ebene nicht erkannt hat.

Ich erhalte nun auf der Geistselbst-Ebene, wo „innerer Lehrer" (HERZ) und „äußerer Lehrer" („Bert") zusammengeführt wurden, eine Unterweisung über das **Heilwerden** und den **neuen Bezug des Selbst zur Zeit**. Es geht um die Ganzwerdung des Selbst, welche die Einbeziehung **(Integration) der kosmischen Aspekte** beinhaltet. Die Auflösung des ersten „festen Bezuges" von Selbst und Zeit bedeutet für den Menschen, dass er sich auch vorgeburtlicher Erinnerungen innewird. Der „Anfang" als Beginn des Lebens ist „eine Setzung" insofern, als er sich lediglich auf die irdische Zeit - die Erfahrbarkeit durch das Leben - bezieht. Man kann von dem „Licht in der Gegenwart" über „das Licht in der Vergangenheit" lernen, weil das HERZ in der Liebe - in den aktivierten Aspekten, wel-

198

che Licht, Anderes im Selbst, sind - lebt. Durch die Integration der Aspekte ins Lieben erfährt das Selbst eine Bewusstseinserweiterung auf das Göttliche hin. In der Aktivierung des Geistselbst-Aspektes („Lehrer") kann **mein Herz das Selbst der Freundin** Uschi **sinnend erkennen** und feststellen, dass auch sie nach einem neuen Bezug zu ihrem Selbst sucht.

Erleuchtung des Herzens über das Verhältnis zum Liebsten

Auf dieser Stufe im Lieben der Seele angelangt, **erlebte ich intuitiv** eine Erleuchtung des Herzens, in der ich Folgendes erkannte:

Der Liebste und ich sind tief verbunden: Alles ist eine Frage des Seins, der kosmischen Liebe bzw. des kosmischen Bewusstseins. Das Selbst meines Liebsten ist mein Ewiger Geliebter. In der Polarität der physischen Welt sind wir in Mann und Frau, in Individuen, getrennt. Aber im Höheren Selbst - im Sein als einer anderen „Ewigkeit" bzw. Wirkweise des LOGOS - sind Männliches und Weibliches zu Einem vereinigt, sind sie im Geist der Liebe Eines. Wenn ich einen Menschen von HERZEN liebe, kann mein Selbst sich mit seinem Selbst - Ebene Sein - verbinden. Mit seinen höheren Bewusstseinsaspekten ist dann dieser geliebte Mensch mit mir ewig verbunden. Wo er von Herzen einen anderen Menschen liebt, kann er dessen niedere Bewusstseinsaspekte des Selbst erlösen. Auch dann bin ich mit ihm auf dieser Ebene verbunden. Wo niedere Bewusstseinsaspekte des Selbst zum Licht erlöst werden, sprechen wir von dem Symbol bzw. der Ebene „Kind".

Ich fühle **tiefe Gnade** und **Liebe des Herrn**, der mein Herz erleuchtet hat. Ich wusste lange nicht, dass ich so empfinden könnte. Ich weine um mich selbst und darüber, dass ich lange nicht so empfunden habe. Das Wissen, **in einem Geist der Liebe vereinigt zu sein**, macht mich frei von dunklen Gefühlen. Es vergehen aller Zweifel und alle Angst, und ein Gefühl warmer Geborgenheit und tiefer Freude breitet sich in meinem Innern aus.

Der Aspekt **Sein** schließt mit einem **intuitiven Erlebnis**, einem **Leben auf der Geistselbst-Ebene**, das einer Erleuchtung des Herzens entspricht, ab. Die empfangene Erkenntnis, welche das **Eines-Sein der Liebenden in Gott** betrifft und zugleich lebt, ist „tiefe Gnade und Liebe des Herren". Auch wenn die Geliebten - als so genannte **Dualseelen** - in der physischen Welt in der Gestalt von Mann und Frau auftreten und in den Astral- und Mentalsphären sinnend aufeinander ausgerichtet sind (s. sinnendes HERZ), sind sie in der Kausalebene, im SEIN als einer anderen Wirkweise des Logos, EINES, nämlich vereinigt im HERZEN Gottes - im Höheren Selbst. In diesen höheren Herzbewusstseinen sind die Geliebten **als Ewiges** vereinigt. Auch wo einer von beiden einen anderen Menschen von Herzen liebt und Aspekte aus dessen niederen Selbst zum Licht erlöst, bleiben die Herzen der Liebenden verbunden. Wo solche Aspekte erkannt und integriert werden können, sprechen wir von der Ebene **„Kind",** welche die **neue Erkenntnisstufe des Selbst** versinnbild-licht. Vom Menschen her gesehen entspricht sie einer er-weiterten Bewusstheit bzw. einem neuen höheren Evoluti-onsgrad.

Zusammenfassung zum Aspekt SEIN

Lieber Leser, eine kurze Zusammenfassung soll die vo-rangehenden Erläuterungen zum **Selbst als Sein** abschlie-ßen. Die erläuterten Träume bzw. Bewusstseinszustände stellen Stufen im Lieben der Seele bzw. des HERZENS im Hinblick auf die absolute Liebe dar. Die **erste Stufe** bezieht sich auf die **physische Welt als Einheit des Le-bens**, der die Zerstörung durch das Vergessen des Göttli-chen drohte. Es zeigt sich, dass das Licht, die göttliche Schöpferkraft in allem Lebenden, durch das Lieben der Seele aktiviert werden kann. Es kommt nun darauf an, das Licht, die aktivierten Aspekte, im Lieben (an)zuerkennen. Die innere Absicht in dem, was wir tun und äußern ist „zukunftsträchtig" und wird in der **Astralsphäre als inne-re Wahrheit des Empfindens** gelebt, was die **zweite Stu-fe** im Erkennen des Göttlichen darstellt. Das Wort offen-bart sich als Träger dieser inneren Wahrheit bzw. der er-kannten göttlichen Liebe, ist solchermaßen „Zeugnis". Das Lieben der Seele in der **Mentalsphäre**, wo Geist als Erkenntnis gelebt wird, aktiviert nun als **dritte Stufe** ei-nen Aspekt, der die Sprache als **Preisen des Göttlichen** betrifft. Das präexistente Lieben, der Grund der Liebe, welcher die Schönheit in allem Seienden ist, möchte sich seiner selbst im Lied bewusst werden. Der aktivierte Aspekt möchte das Wort über das Denken des Herzens zu seinem göttlichen Ursprung zurückführen. Die **vierte Stufe**, das Lieben der Seele in der **Kausalsphäre**, bezieht sich auf das Licht im Sinne des Erschaffens, das **anschauendes bzw. intuitives Denken** als Tätigkeit der Seele ist. Der neue Geistselbst-Aspekt, der das sinnende Leben darstellt im Sinne der Bewusstmachung des Göttlichen, kann als liebendes Leben in das Pneumawesen integriert werden. Das Schauen mit dem „Dritten Auge" bewirkt, dass das Herz die Erkenntnisstufe der Seele eines anderen Menschen erkennt. Die durch den hier aktivierten Lehreraspekt erteilte Unterweisung handelt vom Heilwerden (Ganzwerden) und dem neuen Bezug des Selbst zur Zeit. Die **fünfte Stufe** der Erkenntnis, welcher einer **Erleuchtung des Herzens** entspricht, ist als intuitives Erlebnis **Leben in der Kausalsphäre, das Ewiges ist.** Die Erkenntnis betrifft und ist zugleich das **Eines-Sein der Liebenden** im **HERZEN Gottes**, im Höheren Selbst.

Epilog an den Leser

In diesen „Brunnen" des höheren Gewahrsams magst du hineinschauen, lieber Leser, und dich und deine Ewige Liebe erkennen! Dann hat sich dir etwas vom „Weltgeheimnis" und von dem Lied des Dichters offenbart. Der Schatz liegt verborgen auf dem Grunde des Brunnens und wartet darauf von dir „gehoben" zu werden. Wenn du es vermagst, wird dein inneres Licht zu leuchten beginnen und dein Herz wird in tiefer Freude erstrahlen. Dann wirst auch du das Silberglöcklein der Brunnennymphe vernehmen und du wirst erkennen: „Es ist - du bist - in mir und in dem Silberlachen."

Doch gib Acht: Wenn du Erfahrungen und Erkenntnisse auf diesen Wegen erlangst, denke daran, dass sie Geschenke des Himmels und der liebenden Mutter Natur sind, über die du nicht einfach verfügen kannst. Sie sind nicht zur schnellen Aneignung und zur Profilierung deines Egos gedacht. Und bedenke auch, dass sie dich keineswegs dazu berechtigen, über andere Menschen oder ihr Leben zu bestimmen. Weder der Mensch noch sein Leben und erst recht nicht seine Seele gehören dir. Achte deine eigene Freiheit und die der anderen und werte nicht! Wir alle sind auf diese Erde gekommen, um bestimmte Erfahrungen zu durchleben und zu lernen. Und wir alle machen Fehler in unserer irdischen Gebrechlichkeit und Verletzlichkeit. Ich habe dir von den meinigen nur implizit erzählt, aber auch ich habe sie gemacht, sei gewiss, und auch ich habe daraus gelernt und werde auf meiner weiteren Wanderung sicherlich weiterhin lernen. Das wünsche ich auch dir. Und sei guten Mutes, nütze die Stunde und lobe den Tag!

Autorenportrait Dr. Josefine Müllers

Literaturwissenschaftlerin
Fachbuchautorin
Schriftstellerin
Spirituelle Lehrerin

Die Autorin ist 1948 geboren. Nach der schulischen Laufbahn machte sie zunächst eine kaufmännische Übersetzerausbildung und arbeitete einige Jahre auf diesem Gebiet. Dazu gehörte ein mehrjähriger Auslandsaufenthalt in Frankreich (Paris) und Spanien (Valencia) mit entsprechenden sprachlichen Ausbildungs- und Berufstätigkeiten. 1975 nahm sie aus Liebe zu Literatur und Dichtkunst ein Studium der Germanistik und Romanistik auf. Sie studierte Deutsch, Französisch, Spanisch, Philosophie und Pädagogik mit den Abschlüssen I. und II. Staatsexamen. Ein ausführliches Promotionsstudium in Neuerer Deutscher Literatur schloss sich an, das in eine umfangreiche Dissertation über Goethe und Hölderlin mündete und mit einer Prädikatspromotion endete. Gleichzeitig und auch späterhin unternahm die Autorin intensive private Studien der Psychologie, Mythologie und Symbolkunde und wurde 1996 Mitglied der Wissenschaftlichen Symbolgesellchaft.

Sie arbeitete als Dozentin für Sprachen, Literatur und philosophische Themen in der Universität und in der Erwachsenenbildung, als Deutsch- und Französisch-Lehrerin in der Schule, als Seminarleiterin und Beraterin in spiritueller Psychologie und Symbolwissenschaft. Heute lebt sie als frei schaffende Autorin und spirituelle Lehrerin in Überlingen am Bodensee und hält Lesungen, Vorträge und Seminare.

Sprachen: Deutsch, Französisch, Spanisch, Englisch (fließend);
Italienisch, Portugiesisch., Latein (gute Grundkenntnisse)

Veröffentlichungen:

Bücher und Hörbücher:

Liebe, Erkenntnis und Dichtung. Ganzheitliches Welterfassen bei Goethe und Hölderlin, Frankfurt a. M. 1992

Die Ehre der Himmlischen. Hölderlins *Patmos*-Hymne und die Sprachwerdung des Göttlichen, Frankfurt a. M. 1997

Liebe und Erlösung im Werk Johann Wolfgang von Goethes, Frankfurt a. M. 2008

Die Poesie des Himmels. Eine literarische Reise durch die Welt der Engel. Große Engelgedicht-Anthologie, Herausgeberin und Mitautorin, Freiburg 2008

Dazu auch Hörbuch: Die Poesie des Himmels, (Auszüge aus dem obigen Buch, gelesen von Nina Petri mit harfenmusikalischer Begleitung von Anne-Sophie Bertrand), Freiburg 2008

Neuauflage des Hörbuchs: Wie Engel auf Erden, Freiburg 2013

Amor und Psyche. Das Mysterium von Herz und Seele, Frankfurt a. M. 2011

Geheimnis und Verwandlung. Märchen und Initiationsgeschichten, Berlin 2013

Erinnerung an das Sein. Gedichte um Mensch und Natur, Hamburg 2016

Der Liebe selig Lied. Liebeslyrik, Hamburg 2016

Und ewig ist der Augenblick, Gedichte, Hamburg 2017

Hortulus Bestiarum. Komische Lyrik vom Sinn und Unsinn des Lebens, Hamburg 2017

Reisen ins Herz, Traum und Selbst-Erkenntnis, Hamburg 2018

Aufsätze:

Lesend aber gleichsam, wie in einer Schrift. Anmerkungen zu Hölderlins hymnischen Betrachtungen *Was ist der Menschen Leben?* und *Was ist Gott?* in: Hölderlin-Jahrbuch 1994-95

An der Hand des Engels. Der Engel in bildender Kunst und Literatur, in: *Symbolon*, Jahrbuch für Symbolforschung, Neue Folge, Band 13, 1997

Das sich offenbarende Geheimnis: Goethes *Märchen* der Erlösung. Ein Beitrag zum symbolischen Verstehen, in: *Symbolon*, Band 14, 1999

Die Sprache des Selbst und ihre Wandlungen im Medium des Traums, in: *Symbolon*, Bd. 17, 2010

Die Bewusstwerdung des Göttlichen im Menschen, in: *Lichtfokus* Nr. 47, Herbst 2014 .

Außerdem:

Parabeln, Märchen, Kurzprosa, Lyrik und Lyrik-Übersetzungen in Anthologien und literarischen Zeitschriften

Zu ihrer Arbeit als spirituelle Lehrerin und Beraterin

Frau Dr. Müllers möchte mit ihrer Arbeit den Menschen Hilfestellung leisten bei der Überwindung von seelischen Blockaden, so dass durch die Bewusstwerdung von Gefühlskomplexen und Denkmustern Aspekte der Seele integriert werden können, was zu einer erweiterten Selbst- und Daseinserkenntnis und zu einer Reifung der Persönlichkeit führt.

Durch eine neue Sinngebung können Schicksalsfragen bewusst gestellt, Lebensprobleme besser erkannt und Krisensituationen bewältigt werden. Dies kann zur Wahrnehmung und Integration höherer Bewusstseinsebenen (Aspekten des Höheren Selbst) bzw. zur Öffnung der feinstofflichen Sinne führen.

Intuitivkräfte und schöpferisches Potential werden aktiviert und gefördert. Man lernt aus dem ganzen Sein heraus zu leben, sein Schicksal aktiv mitzubestimmen und die eigentliche Lebensaufgabe und geistige Bestimmung zu erkennen.